JN065712

球跡巡り

―球史を刻んだ球場跡地を歩く―

理工図書

はじめに　――プロ野球の球史を刻んだ 球場跡地を訪ねる旅――

日本に野球が伝来したのは１８７２年。それから60数年経った１９３６年にプロ野球の試合が始まりました。今年で88年目。この間に行われた公式戦は６万５０００試合に迫り、使用した球場は全国で２８９を数えます。

「２８９球場」と言うより、「２８９カ所」と言ったほうが正確でしょう。今では考えられませんが、昔のプロ野球はれっきとした野球場だけでなく、学校の校庭や、民間企業の敷地内にあったグラウンド、陸上競技場を転用した代用球場に、果ては河川敷のグラウンドでも公式戦を行っています。

公式記録員として駆け出しだった20代後半にそれを知った時、正直驚きました。次第に、それらの場所に興味が湧き、深掘りしたら面白いのではと思いました。調べると、プロ野球公式戦を開催した後に閉鎖された、もしくは野球場として使用されていない場所は前記を含め１００カ所を超えていました。（２０２２年12月末で１１３カ所）

いつの日か、全ての跡地を訪ね歩き、残されたスコアカードをめくり、エピソードも交えてコラムを記そう――。

温めていたタイムスリップの旅を始め、日本野球機構（ＮＰＢ）の公式サイトで『球跡巡り』の連載がスタートしたのは、記録員生活も終盤にさしかかった２０１８年の春でした。

公式記録員は、球場の所定の位置で試合のスコアを記し、例えば打者が一塁に生きた場合、それが「安打」によるものか、「失策」によるものかなどを、独自の判断で決定するのが主な任務です。一軍戦は二人で、二軍戦は一人で担当します。選手や審判員と同様、全国の球場を訪れますので、試合の前後や現地で試合のない休日などに、近くにある球場跡地を歩き始めました。

一口に閉鎖された球場と言っても、刻まれた球史は千差万別です。１９３７年に開場し、巨人や日本ハムなどの本拠地として昭和の球界を彩った後楽園スタヂアムは、歴代最多の７１６８試合を興行しました。40代半ば以降の読者には、多くの思い出が蘇ることでしょう。

一方で興行数が1ケタの球場が66あり、開催が「1日だけ」の球場も21カ所ありました。88年という、人間の一生にも等しくなったプロ野球の歴史を振り返れば、それはほんの一瞬の出来事に過ぎません。しかも、ほとんどの開催が二リーグ分立直後の１９５０年代前半で終わっており、70年前後の歳月が流れています。

果たして、試合を観戦した人や、球場の想い出を語れる人に出会えるだろうか。

それは全くの杞憂でした。日常の中に突如訪れた「プロ野球」という非日常は、かかわった人々の記憶に色濃く刻まれ、インパクトを与えていました。今でも、年に数回の地方開催を心待ちにしている野球ファンは多くいますが、テレビが普及していなかった時代の人々の思いは、より強かったのでしょう。

たどった時代には終戦直後もありました。見上げた空には数年前まで、米軍の戦闘機が飛んでいました。だが、今はそこに白球が大きな弧を描く…。戦争を知らない私にとって、球音の響きに平和を実感した人々の胸中に、思いを馳せる旅でもありました。


野球のスコアカードは、選手、審判名を漢字で書く以外、ほぼ数字と記号で記入します。それを生業として30余年。これは、「コラム執筆」という普段とは全く異なる分野に悪戦苦闘しながら綴った、もう一つのスコアカードです。

瞼(まぶた)を閉じ、昭和の古き野球場を思い浮かべ、しばしタイムスリップの旅に出かけましょう。

山本　勉

球跡巡り　目次

球跡巡り

——球史を刻んだ球場跡地を歩く——

球跡①

両翼78メートル 本塁打を量産したプロ野球のメッカ【後楽園スタヂアム】

王貞治と長嶋茂雄の「ＯＮコンビ」が躍動し、プロ野球史に燦然と輝くＶ９を成し遂げた巨人が本拠地とした後楽園スタヂアム。東京では上井草、洲崎に続くプロ野球専用球場として、小石川にあった砲兵工廠跡地に、着工から完成までわずか５カ月間の突貫工事で１９３７年９月に開場しました。

本塁から両翼まで78メートル、中堅まで１２０・５メートル。１９２４年に開場した甲子園球場（両翼91・４メートル、中堅１１８・９メートル）と比べると、両翼までの距離が13メートル以上も短く作られました。

１９３４年にベーブ・ルース一行とともに来日した、大リーグ選抜総監督

左翼ポールから左中間方向にアンラッキー・ネットが張られた

1937年10月のポスター

のコニー・マックが「ヤンキー・スタジアムやその他の米国のグラウンドは、たいてい左翼と右翼が近くなっていて、そこにホームランを叩き込めるようにしてある。こういうグラウンドの構成は、ホームランを出すばかりではなく、打撃とピッチングの進歩に大いに貢献する」と、球場建設に対し助言。設計者がそのアドバイスを忠実に取り入れたのです。

果たして、戦前の本塁打数は、甲子園の15・9試合に１本塁打に対し、後楽園では１・７試合に１本塁打と10倍近く量産されました。１９４１年に甲子園では77試合を行いましたが本塁打は０。一方、後楽園では１７５試合で93本塁打と、プロ野球の醍醐味が味わえました。

しかし戦後、打者の技術が向上すると両翼78メートルでは球場が狭過ぎるようになりました。そこで１９４９年のサンフランシスコ・シールズ（３Ａ）の来日を機に、両翼ポールから左中間、

1949年頃のスタンド全景
写真提供：野球殿堂博物館

右中間のフェンスにかけて〝アンラッキー・ネット〟を張り、本塁打を防ぎました。さらに１９５８年にはそのネットを取り外し、両翼を12メートル拡張する工事を行い90メートルに。開場から22年、ようやく他球場並みの広さになりました。

１９４９年は8球団で一リーグでしたが、１９５０年には二リーグに分立し、球団数は一気に2倍近い15に。しかし、この時東京でプロ野球を開催できるのは後楽園しかなく、球場問題に頭を抱えていました。両リーグ会長、正力（しょうりき）松太郎連盟総裁、それに球場側も加わった話し合いの結果、巨人、国鉄、毎日、大映、東急の5球団が専用球場として使用することに。したがって日程のほとんどを変則ダブルヘッダーで消化しました。１９５０年に開催した年間２８８試合（両リーグ全体の30％）、同年7月の月間46試合は永久に破られることのない興行数でしょう。

１９５９年、天覧試合での王、長嶋初となるＯＮアベック弾、王の世界新記録となる７５６号、公式戦最後の８６８号も後楽園で刻まれました。また、施設整備では１９７０年にスコアボードの電光掲示化を、１９７６年には人工芝の敷設を日本の野球場として初めて実施。１９８７年に51年に及ぶ歴史に幕を下ろすまで、開催した

跡地にそびえる東京ドームホテル

野球伝来150年を機に「野球の聖地・名所150選」に認定された

試合数７１６８、本塁打1万４１６は、どちらも球場別ランキングの1位です。試合数2位は甲子園球場の５２０６で、その差は２０００試合近くもあります。近年甲子園の年間試合数は60強ですから、この先30年はその座を譲りません。プロ野球が今日の隆盛を迎えるまでに、後楽園が寄与した貢献度は計り知れないと言えるでしょう。

１９８８年から戦いの舞台は隣に建設された東京ドームへ移りました。跡地には高層ホテルが建てられ、今も変わらぬにぎわいが続いています。

（２０１８年5月18日）

参考文献：「後楽園の25年」後楽園スタヂアム
写真提供：野球殿堂博物館

球跡②

工場の敷地内で開催された広島県初のプロ野球

【福山三菱電機球場】

１９３６年に公式戦が始まったプロ野球。その球音が初めて広島県に響いたのは戦後でした。終戦から３年。１９４８年８月４日、福山市の福山三菱電機球場で南海対急映の試合が「日本野球中国シリーズ」として、地元新聞社の主催で開催されました。

三菱電機福山工場（現福山製作所）の敷地内に新装された球場に、早朝５時から野球ファンが詰め掛け、午前９時には内外野のスタンドが１万５０００人の観衆で埋まりました。地元の社会人野球チームが前座で２試合を行い、プロ野球選手がグラウンドに姿を見せたのは午後２時30分。「両チームの選手が外野から行進をして入って来ました。みんなお尻が大

1951年頃の三菱電機福山工場 中央右に見えるのが野球場

球跡2

福山三菱電機球場

現在のグラウンド ここで広島県初のプロ野球が行われた

きくて格好良かったですね」。ライトスタンドで観戦した、当時中学3年生だった沖藤誼（おきとうよしみ）さん（85）の記憶がよみがえります。

南海には、のちに巨人へ移籍し300勝投手となる別所昭（べっしょあきら）、急映には青バットの大下弘の姿がありました。試合は南海が4対0で勝利。6回裏、南海の3番打者がこの試合唯一の本塁打を放ちます。「笠原（和夫）という左バッターの打球が座っていた近くに飛んで来ました。プロの打球の速さにはビックリしましたよ」。14歳の野球少年の脳裏に刻まれた一打は、70年経っても色あせません。

地元球団の広島カープにとっても忘れられない球場です。球団創設の1950年、1月半ばにチームを結成し、広島総合球場で合宿練習を開始。1カ月近く厳寒の中でトレーニングに励んだ後、福山へ移動。2月17日にチーム結成初となる紅白戦を三菱電機球場で行ったのです。

さらに3月10日にペナントレースが始まると、16日には球団創設5試合目の中日戦を開催。試合は2対5で敗れましたが、4回裏に白石勝巳が中日の杉下茂からレフトスタンドに飛び込む本塁打。この一打は広島にとって記念の球団第1号ホームランでした。また、この試合に先発したのは19歳のルーキー・長谷川良平投手でした。身長167センチと野球選手としては小柄ながら、黎明期の広島のエースとして活躍。通算197勝を挙げ〝小さな大投手〟と呼ばれた右腕は、この球場でプロとしての第一歩を踏み出したのです。

　地方で開催されるプロ野球は大半が自治体所有の球場です。しかし太平洋戦争末期、1945年8月8日の大空襲で市街地の8割が焦土と化した福山市には、公設の球場がありませんでした。そこで白羽の矢が立ったのが三菱電機の野球場でした。民間企業の工場敷地内で行われたプロ野球は珍しく、高岡鐘紡（富山県）、富洲原（三重県）と、福山三菱電機の3球場しかありません。

　1950年8月25日には広島対国鉄戦が行われました。前出の沖藤さんは学校を卒業して奇遇にも三菱電機に就職。その試合を、休憩時間にライトスタンド後方にあった工場から眺めたそうです。

　市街地も徐々に復興を遂げ、1951年10月には待望の市民球場が完成。1952年以降のプロ野球はそこで行われ、福山三菱電機球場での試合は前記の広島対国鉄戦が最後となりました。ネット裏の椅子席スタンドや、バックスクリーン、木製の外野フェンスは撤去され、かつてそこがプロ野球の舞台となった面影はありません。しかし、70年前の暑い夏の日、確かに一リーグの猛者たちが、広島県に初のプロ野球の球史を刻んだのです。

三菱電機福山製作所 この敷地内に野球場がある

（２０１８年６月18日）

調査協力：三菱電機株式会社 福山製作所
参考文献：中国新聞（１９４８年８月５日）、「広島東洋カープ球団史」広島東洋カープ
写真提供：三菱電機株式会社 福山製作所

球跡③

5球団がキャンプを張った野球王国・愛媛の聖地

【松山市営球場】

「いで湯と城と文学のまち」愛媛県松山市。松山城がそびえる勝山を中心に栄えた城下町は、今も市街地をレトロな路面電車が走り旅情を誘います。松山市営球場は松山城がある城山公園の一角にありました。

地元企業の寄付金と、市内に通う学生らの勤労奉仕により「松山総合グラウンド」として1948年7月に完成。同年12月には巨人対金星のオープン戦が行われました。巨人に

一塁側からは高台にそびえる松山城が望めた（1971年の日米野球第14戦）　©ベースボール・マガジン社

は松山商ＯＢの千葉茂が、金星には伊予郡郡中町（現伊予市）出身でその年の９月にプロ野球初の１０００試合出場、１０００安打を達成した坪内道則が在籍。地元ゆかりのスター選手の凱旋に、初冬の寒空にもかかわらず２万人の観衆が詰め掛け盛り上がりました。

二リーグ制になって球団数が増えると、温暖な気候もあり、松山市営球場は、春季キャンプ地としてプロ野球を導きました。１９５０〜５１年の大映を皮切りに、１９５９年は大洋、１９６１〜６２年は大毎、１９６５〜６８年の４年間は中日、１９７４年には日拓から球団を譲り受けた日本ハムがキャンプを張りました。今ではキャンプ地といえば沖縄県ですが、１９６２年には松山市での大毎のほか、香川県高松市で東映、高知県高知市で阪神、阪急と、四国４県のうち３県で春季キャンプが行われました。

国鉄、巨人でエースとして活躍し、プロ野球最多の４００勝を挙げた金田正一投手にとっては、ほろ苦い想い出が残ります。１９５０年７月、夏の甲子園予選に敗れると高校を中退し17歳で国鉄に入団。８月23日、松山市営球場での広島戦

球跡３

松山市営球場

松山城のお濠の中にあった松山市営球場

400勝投手　金田正一はこの球場でプロの第一歩を踏み出した

でプロ入り初登板を果たしました。5回裏からリリーフすると、同点で迎えた9回裏に2死一・二塁のピンチを招き、阪田清春にライト前へ痛烈な打球を弾き返されサヨナラ負けを喫したのです。

デビュー戦から60余年経った2017年夏。84歳になった金田さんが愛媛県新居浜市で行われた親善野球大会でマウンドに立ち、マイクを握りました。「今から67年前。今でも忘れません、初登板が松山球場というお城のそばにあった球場です。9回裏、広島カープの、名前も忘れません、阪田というキャッチャーにサヨナラヒットを打たれました」と克明に述懐したのです。通算400勝のほか、365完投、5526・2投球回、4490奪三振…。永久不滅と言われる様々な金字塔は、デビュー戦で喫した痛恨の黒星が糧となり打ちたてられたのです。

坊っちゃんスタジアムに移設された「松山市営球場」の銘板

ホームベース、バッターボックス等が当時の場所に再現されている

開場から40年以上経過した1990年代になると、老朽化による整備を余儀なくされました。しかし、球場のある城山公園は国の史跡に指定されており、文化財保護の観点から改修もままなりません。

そこで松山市は市営球場の中央公園計画区域（市坪西町）への移転を決定。完成したのが松山中央公園野球場（坊っちゃんスタジアム、２０００年開場）です。その正面玄関の脇には、かつて市営球場に設置されていた「松山市営球場」の銘板が移設されています。

市営球場は２００３年5月に閉場し、翌２００４年にはスタンド等の施設も撤去。隣接していた競輪場やテニスコートもなくなり、跡地は広大な更地となっています。２０１１年秋には、野球王国・愛媛の礎を築いた市営球場の歴史を後世に伝えようと、投手板、ホームベース、バッターボックスを当時の場所に再現。解説板も設置されました。

4月下旬、うららかな春の昼下がり。近くの専門学校に通う若者たちが、昼休みに上着を脱いでキャッチボールを楽しんでいました。かつての愛媛県の野球の聖地は、市民の憩いの広場となっています。

（２０１８年7月20日）

調査協力：松山市総合政策部
参考文献：「愛媛の野球１００年史」愛媛新聞社
写真提供：ベースボール・マガジン社

球跡④

跡地に立つ中学校からノーヒッターが誕生

【中津市営球場】

景勝地の耶馬溪（やばけい）が観光地としてにぎわう大分県中津市。その市街地の中央にあるＪＲ中津駅から徒歩10分ほどの場所に、中津市営球場がありました。

１９５０年秋に開場。公式戦開催はわずか8試合（セ5、パ3）。１９５４年にはＤｅＮＡベイスターズの前身である大洋松竹が開幕戦を主催しています（4月3日、対阪神戦）。昨今の開幕戦は華やいだ雰囲気の中で行われ、スタンドも満員の観衆で埋まりますが、この日の観衆はわずか６０００人。プロ野球は１９５２年にフランチャイズ制が確立しましたが、当初は球場問題もあり開幕戦の地方開催も珍しくありませんでした。

その試合で生涯唯一のヒットを記録したのは阪神の岡田功内野手です。

1950年、開場当時の中津市営球場

１９５０年に尼崎工業から入団。５年目で開幕一軍切符を手にした22歳は、９回表1死三塁の場面で代打起用されると、洋松の権藤正利投手から三遊間を破る左前安打。プロ通算4打席目で放った記念の一打には、初打点も付きました。しかし、その後は再びバットから快音を響かせることはできず、翌年退団。１９５７年からセ・リーグ審判に転じると、36年間で歴代最多の３９０２試合に出場。日本シリーズには13年連続を含む21回出場し、審判員としてその名を球史に刻みました。

中津市営球場での公式戦開催はこの試合が最後となりました。しかし、オープン戦はその後も行われました。１９７０年３月には「稲尾監督就任記念」として、弱冠32歳で西鉄の監督に就任した地元大分県別府市出身の稲尾和久を招き西鉄対中日戦を開催。１９７０年代の半ばまで、阪神が３度春季オープン戦を行った記録も残っています。

球場が閉鎖されると、立地の良さもあり１９８３年８月に市立豊陽中学校が移転して来ました。校庭の縁にはライトからセンターにかけて右中間の膨らみが当時のまま残されて

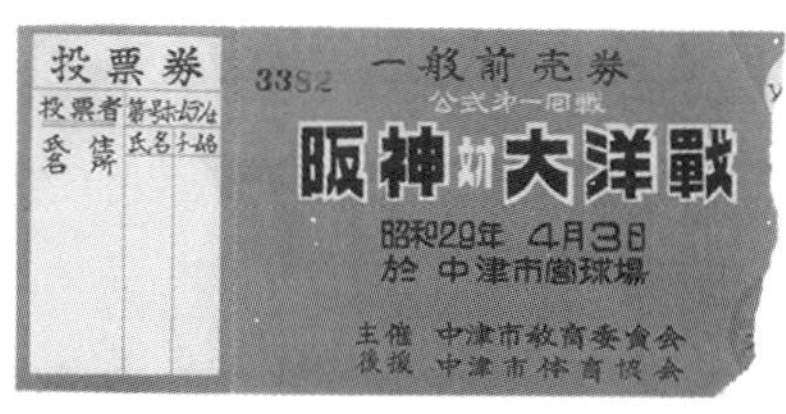

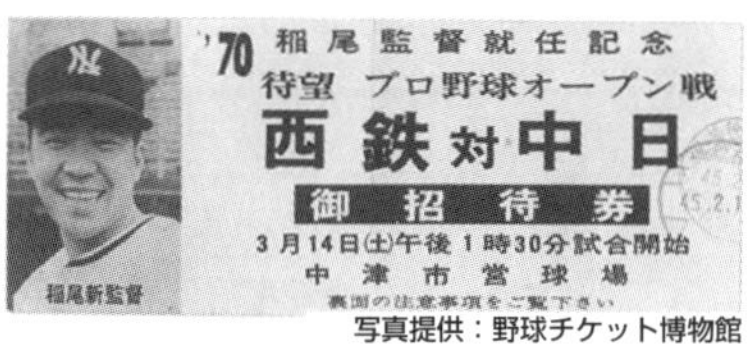

写真提供：野球チケット博物館

中津市営球場で開催されたプロ野球の入場券

球場跡地に立つ中津市立豊陽中学校

いて、かつてここが野球場であったことを偲ばせます。

　開校から20年近く経った2000年春。桜の花が咲き誇る中、他の新入生より一回り立派な体格をした一人の生徒が校門をくぐりました。それもそのはず、父親は大相撲で幕内を7場所勤めた元関取。軟式野球部に入部し投手を任された少年は、父親直伝の四股を毎日踏んで下半身を強化したそうです。努力の甲斐あって、エースとなった3年生の時には大分県大会で優勝。創部初の九州大会出場に貢献しました。現在、巨人で活躍する山口俊投手です。

　山口はその後、進学した柳ヶ浦高校で1年と3年の夏に甲子園に出場。2005年のドラフト会議で横浜ベイスターズから1位指名されました。球場跡地が中学校となり、そのグラウンドで白球を追った選手が、かつてそこで開幕戦を行なったチームに入団する…。絵に描いたようなストーリーが、ここにありました。

　その山口投手が2018年7月27日の中日戦で史上79人目、90度目のノーヒットノーランを演じた

校庭の縁には野球場だった形跡が残されている

中津市立豊陽中学校の校庭

ことは、記憶に新しいところです。大分県出身の投手としては１９７３年の高橋直樹（日拓）以来、45年ぶり２人目の快挙。それは同時に、球場跡地に立つ中学校からノーヒッターの誕生でもありました。

（２０１８年８月24日）

調査協力：中津市教育委員会、中津市立豊陽中学校
写真提供：中津市教育委員会、野球チケット博物館

球跡⑤

紅顔の美少年・大田垣喜夫 母校で凱旋登板

【尾道西高校グラウンド】

仮設の内野スタンドに、荒縄がフェンス代わりに境界線として張られた外野。レフト後方に広がる海を、漁船がポン、ポン、ポンとエンジン音を立てながら過ぎ去って行く――。1950年5月21日、広島県尾道市で初めて行われたプロ野球公式戦、広島対大洋4回戦の会場は尾道西高校（現尾道商業高校）の校内にある海岸に面した「校庭」でした。

専用野球場ではないので、整備は万全ではありません。スコアカードの球場状態を記す欄には「不良、固い」とあり、翌日のスポーツ紙も「校庭であるため地面が固く、凹凸が多く、野手を困らせた」と報じています。加えて、戦争末期には陸軍が同校に入ってきてグラウンドの一部を畑にし、

写真提供：尾道商業高等学校

1958年の尾道商業。中央の校庭でプロ野球が行われた

球跡5

尾道西高校グラウンド

現在の尾道商業グラウンド

豚を飼っていたため、畑があった右中間後方はその名残で雑草が生い茂っていました。

2回裏、1死一・二塁で広島の9番・松川博璽（ひろじ）の放った打球は右中間をライナーで破り、その校庭端の草むらへ転がり込みます。大洋の外野手二人がボールを捜している間に、塁上の走者はもちろん、打者走者の松川も生還したランニングホームランは〝ジャングルホームラン〟として語り継がれています。松川選手にとって、これが生涯唯一の本塁打でした。

「校庭でのプロ野球」により母校でプレーする機会を得た選手がいます。尾道西高校から1952年に広島に入団した大田垣（おおたがき）（1957年から「備前」姓）喜夫投手です。高卒ルーキーながら、紅白戦で好投し開幕戦のマウンドを託された期待の右腕は、同年7月23日に母校で行われた対阪神12回戦の先発マウンドに立ったのです。

詰め掛けた2500人の観衆の目は、チームメイトから〝バンビ〟の愛称で呼ばれた紅顔の美少年に注がれます。その期待に応えるべく、大田垣は慣れ親しんだマウンドで躍動。味方が序盤に2点をリードすると、阪神打線を7回まで被安打2、無失点に抑えます。しかし、8回2死から四球を挟み3連打を浴び5失点。2対5で敗れ、負け投手となりました。

リベンジの機会は翌年4月1日の洋松2回戦でした。この日も先発マウンドに上がると、4回まで無失点の好投。その裏、広島・白石勝巳が放った右中間への飛球は、フェンス代わりに境界線として張られた荒縄をすれすれに越え、一塁塁審の筒井修は本塁打と判定。これに対し、洋松の小西得郎監督は「観客が縄を引き下げたのでホームランではない」と抗議をしましたが聞き入れられません。この後、「縄に手を触れないでください」と再三場内アナウンスがされたという微妙な一打は、ファンが協力して生まれた〝縄ホームラン〟として伝えられています。

本塁打で1点を先制してもらった大田垣でしたが、7回に洋松の藤井勇に同点打を許すと降板。その藤井をリリーフ投手が生還させ2失点。結局これが決勝点となり1対2で惜敗し、不運にも2年連続母校で敗戦投手に。故郷ならぬ「母校へ錦」を飾った凱旋登板は、ほろ苦いものになりました。

白石の〝縄ホームラン〟が契機となり、セ・リーグ鈴木龍二会長は全球団に規格外の球場を使用しないよう警告を出します。校庭でのプロ野球はこの尾道西高校での試合が最後になりました。二リーグ分立直後の球場不足を象徴する試合は5校で合計8試合行われましたが、母校のグラウンドでプレーしたのは8500人を超すプロ野球選手の中でも、大田垣を含め尾道西高出身の3人しかいない貴重な記録です。

1888年に「公立尾道商業学校」として開校し、数度の改称と移転を経て、2018年10月に節

商業高校としては県内最古となる創立130周年を迎えた広島県立尾道商業高等学校

目の１３０周年を迎える広島県最古の商業の伝統校。プロ野球を３試合行ったグラウンドは、今も尾道商業の校内にあり、大田垣の後輩部員たちが甲子園出場を目指して白球を追っています。

（２０１８年9月21日）

調査協力：広島県立尾道商業高等学校
参考文献：「広島東洋カープ球団史」広島東洋カープ、「PEACE CARP TIMES」中国新聞社
写真提供：広島県立尾道商業高等学校

球跡⑥

西鉄黄金時代の「野武士軍団」が躍動した舞台

【平和台野球場】

福岡市の繁華街・天神から徒歩10分ほどのところにある舞鶴公園。福岡城址でもあるこの場所は、春には18種類、1000本を越す桜が花を咲き誇る名所となっています。平和台野球場はその一角にありました。

完成は戦後の1949年12月。前年、同地で第3回国民体育大会が開催された際に建設された球技場を造り替えました。プロ野球初開催は二リーグに分立した1950年のセ・リーグ開幕戦（3月10日。西日本対広島、松竹対巨人の変則ダブルヘッダー）。セ・リーグは九州の地で産声を上げたのでした（山口県の下関球場でも同時開催）。翌年に西鉄と合併することになる西日本パイレーツが、福岡市内に球団事務所を構えたこともあり、開幕戦の球

ラッキーゾーンがあった時代の平和台野球場

場として選ばれました。

それでも「平和台と言えば西鉄ライオンズ」です。西鉄黄金期の歴史はここで刻まれました。１９５４年に初優勝を飾ると、中西太、豊田泰光、大下弘、稲尾和久らを擁したチームは１９５６年から１９５８年までリーグ３連覇。日本シリーズでもセ・リーグ覇者の巨人を下し、３年連続の日本一を達成。スマートな宿敵を相手に、荒々しく立ち向かう選手たちはまさしく〝野武士〟に見え、その豪放、豪快な姿は平和台のスタンドを埋めたファンを熱くさせました。

今も語り継がれる伝説の本塁打があります。西鉄の中西太内野手が、入団2年目の１９５３年８月29日の大映戦で林義一投手から放った本塁打は、遊撃手がジャンプしてキャッチしようとした打球が場外に消えたと言われ、「１６０メートルは飛んだ」と言う関係者もいる日本最長飛距離の一打でした。ＮＰＢ（日本野球機構）に残るスコアカードの雑記欄にも「バックスクリーンを越す場外ホームラン」とあり、担当の公式記録員は推定飛距離を

1949年の完成時は木造建築でスタンド全体が低い設計だった（1953年）　©ベースボール・マガジン社

舞鶴公園入口にある記念碑

「480フィート（146メートル）」と記しています。

中西さんは「手応えは十分だったが、角度が少しなかったんで一塁に全力疾走したから打球を見てないんや。自慢話をするにもネタがないんだよ」とスポーツ雑誌のインタビューに苦笑いで答えていますが、ホームランの飛距離の大半が300フィート台だった時代に、群を抜く一発だったことは間違いないようです。

その中西の1969年の現役最終打席も見届けた田北昌史さん（62）は、小学校1年生の時に見た1963年の日本シリーズ第2戦を皮切りに、300試合以上の西鉄戦を平和台で観戦しました。「ぶらぶら歩いて行けて、気軽に入れる球場でした。雨上がりのナイターは格別に美しかった」と子供の頃の牧歌的風景が蘇ります。「ライトスタンド下のトイレに入ったら隣に加藤初（はじめ）投手が来て、一緒に用を足しました。西鉄の選手の中でスターは一握りで、みんな隣のお兄さんのような感じでしたね」。今ではあり得ない選手との距離感は、昭和の時代ならではのエピソードです。

ファンに愛されたライオンズでしたが、1979年に西武に買収され埼玉県へ。以降、ダイエーが福岡へ移転して来るまでの10年間、九州からプロ野球の球団が消えました。それでも平和台は、その

1960年３月に行われた大下弘引退試合のチケット

外野席だった場所の外周石垣

緑の更地が広がる平和台野球場の跡地

間も年間20試合以上を開催し、プロ野球の灯りをともし続けました。１９８９年からはダイエーの本拠地になりましたが、１９９３年に福岡ドームが完成するとその役目を終えます。さらに外野席付近で平安時代の迎賓館である「鴻臚（こうろ）館」の遺構が発見されたこともあり、１９９７年に閉鎖となりました。

外野スタンドや外壁の一部は残されていましたが、２００５年3月の福岡県西方沖地震により崩落の危険性が生じたため解体撤去。外野席だった場所に残る外周石垣が球場を示す唯一の形跡で、更地が広がっています。結成当時、〝九州の田舎軍団〟とも揶揄されたライオンズが、日本一強い〝野武士軍団〟と呼ばれるまでに変貌を遂げた舞台には、緩やかな時間が流れていました。

（２０１８年10月19日）

調査協力：田北昌史さん
参考文献：「プロ野球セ・パ誕生60年」ベースボール・マガジン社
写真提供：ベースボール・マガジン社、野球チケット博物館、野球殿堂博物館

球跡 7

フィギュアの聖地に刻まれた「フィールド・オブ・ドリームス」

【大須球場】

大須観音で知られる名古屋市中区の大須地区は、古くから門前町として栄えて来ました。市営地下鉄鶴舞線・大須観音駅の近くに、伊藤みどりさんや浅田真央さんなど、世界的フィギュアスケート選手が巣立った名古屋スポーツセンター（大須スケートリンク）があります。かつてこの地には、個人が建造した大須球場がありました。

戦災を受けた寺院から、その一帯の土地約4000坪を購入した高島三治さんが、焼け野原で草野球に興じる人々を見て一念発起。終戦2年後の1947年12月に、両翼93メートル、中堅112・9メートルとプロ野球も開催できる規模の球場を造りました。「周りにはまだバラックや闇市な

写真提供：高島次郎さん

左中間に広告看板もあった大須球場。その奥には鐘楼の屋根が見える

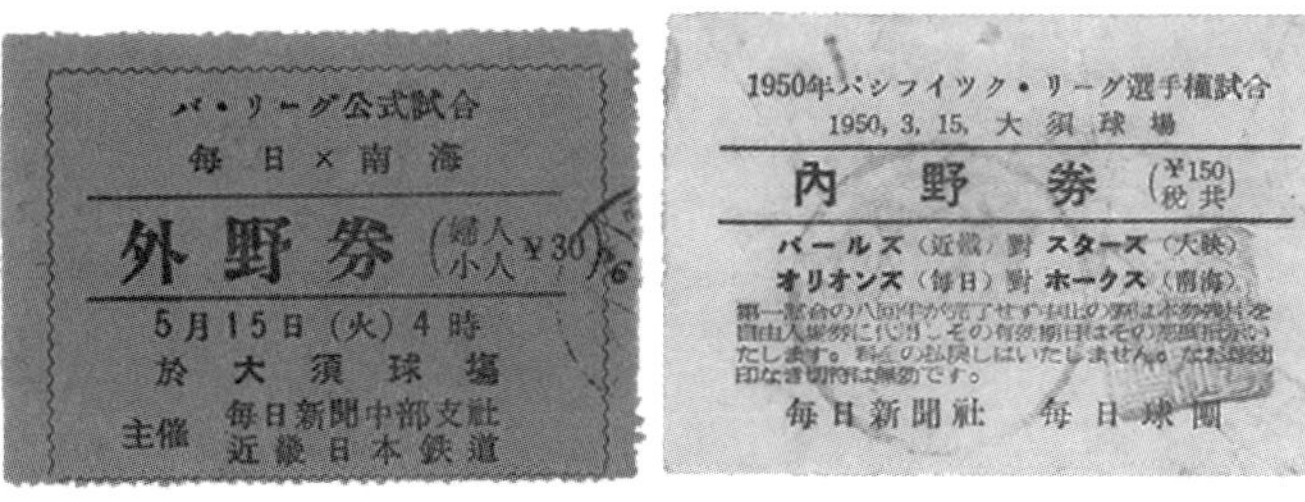

大須球場で行なわれたパ・リーグ公式戦の入場券

1947年12月の開場式。後方の小さな山は二子山古墳

んかもあってね。そんな時期によく個人で野球場なんてものを造ったよ」。三治さんの長男で、今も大須に暮らす次郎さん（85）が70年前の情景に思いを巡らせます。

「4000坪と言っても、その一角には二子山古墳（全長138メートル）があったし、寺院の鐘楼も焼け残っていて球場設計に制約があったのでしょう。両翼から中堅にかけての膨らみが少なく、外野は狭かった。ホームランがたくさん出ましたよ」。次郎さんの言葉を裏付ける試合が1950年3月16日の東急対西鉄戦です。両チームで6本塁打が乱舞した試合は、21対14のビッグスコアで西鉄が勝ちましたが、両チーム合わせて35得点は今もプロ野球最多得点記録として残ります。1951年10月5日の阪急対大映戦では、大映の4番飯島滋弥が2本の満塁弾を含む3本塁打。この時に飯島が挙げた1試合11打点も、いまだ破られないプロ野球記録です。

その「狭さ」に泣かされたのは、大須球場でプロの第一歩を踏み出した関根潤三さん（91）です。1950年に二リーグ分立で誕生した近鉄に入団した関根は同年3月15日、開幕3戦目の大映戦の先発マウンドを任されます。5回まで1失点の好投でしたが、6回に2者連続本塁打を含む7安打を浴び8失点KO。スコアカードを見ると、打球はともに膨らみの少ない左中間に飛び込んでいます。「プロの洗礼を浴びました。立ち直るのに1年を要したとても記憶に残る球場です」と回想。投手で65勝、打者で１１３７安打を記録した元祖二刀流の脳裏には、今も大須球場が焼き付いています。

　プロ野球の使用球場といっても開催は年10試合程度。経営は常に赤字でした。１９４８年に8試合を行った地元球団の中日も、同年12月に中日スタヂアムが完成すると離れて行きます。１９４９年はプロ野球興行が1試合もなく、バイクレースやダンスパーティーまで開催して入場料を稼ぎますが、借金はかさむ一方。そんな折、パ・リーグの某球団から「準フランチャイズとして使用したい」との

写真提供：高島次郎さん

準フランチャイズとして使用される話しが持ち上がり新設された左翼スタンド

球場跡地に建てられたフィギュアの聖地・名古屋スポーツセンター

1730年頃に設置され、戦禍も逃れた本願寺名古屋別院の鐘楼

話しが舞い込みます。起死回生のチャンスを逃すまいと三治さんは、さらに借金をしてレフト側に外野席を新設しました。ネット裏の最良席がわずか5段にもかかわらず、完成した外野席は15段を超えており意気込みが伝わります。しかし、様々な事情から準フランチャイズの話が実現することはありませんでした。

結局１９５２年限りで閉鎖が決定し、名古屋の真ん中に心地よい球音が響いたのはわずか5年間。日本版〝フィールド・オブ・ドリームス〟で刻まれたプロ野球史は30試合でした。跡地には地元財界の出資でスポーツセンターが建設され、戦災で離れていた寺院も戻り、活動を再開しました。江戸時代中期の１７３０年頃に設置され、戦禍を逃れ、球場建設時にも移転されなかった鐘楼が、スケート客でにぎわう街の一角で静かに佇んでいました。

（２０１８年11月16日）

調査協力：高島次郎さん、本願寺名古屋別院
参考文献：中日スポーツ（２００８年3月16日）、中日新聞（２０１３年9月21日、夕刊）
参考資料：「幻の大須球場～プロ野球史に刻まれたフィールド・オブ・ドリームス～」テレビ愛知
写真提供：高島次郎さん、野球チケット博物館

球跡⑧

完全試合男・藤本英雄（巨人）悲願の200勝達成【和歌山県営球場】

大阪湾に浮かぶ海上空港の関西国際空港を出発したリムジンバスは、大阪府南部の山間部を抜け、約40分で和歌山県の県庁所在地である和歌山市に到着しました。水戸、尾張と並ぶ徳川御三家の一つ、紀州徳川家の城下町として栄えた街には、今も中心部のこんもりと緑茂る虎伏山（とらふすやま）に白亜の天守閣がそびえます。紀州で初めてプロ野球の球音が響いた和歌山県営球場は、その和歌山城から徒歩圏内にありました。

県内には終戦後も本格的な野球場がなく、高校野球の予選は和歌山中学（現桐蔭高校）などのグラウンドで行われていました。待望の野球場完成は1952年の春。こけら落としとして行われた4月13日の松竹対中日戦には、

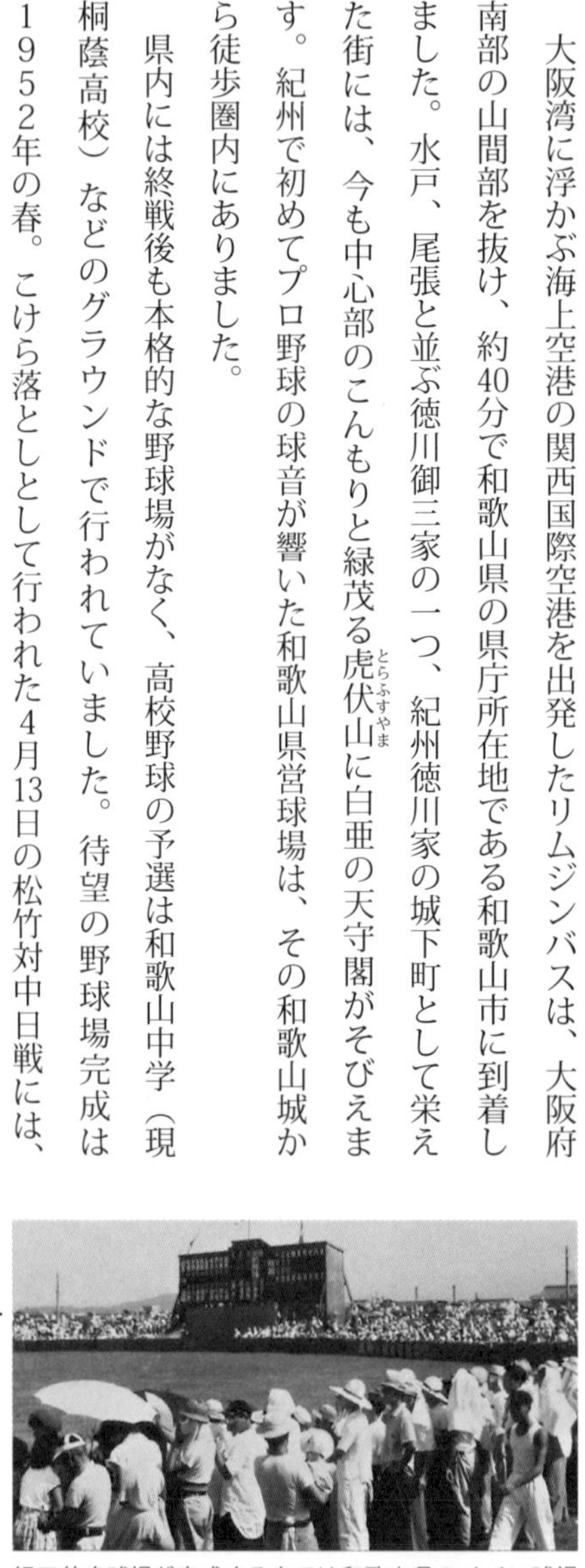

紀三井寺球場が完成するまでは和歌山県のメイン球場だった

巨人の藤本英雄はここで史上６人目の200勝を達成した

松竹に地元海南中学（現海南高校）出身の平野謙二内野手が在籍することもあり、満員の1万7000人の観客が詰め掛けました。

和歌山県球場でのプロ野球開催は1955年までのわずか4年間で18試合（セ13、パ5）。最後のゲームとなった1955年10月11日、巨人対広島のダブルヘッダー第2試合では、巨人の藤本英雄投手が史上6人目の通算200勝を達成しました。1950年にプロ野球史上初の完全試合を達成した藤本は、53年までに198勝を挙げ大台到達は確実と見られていました。しかし、翌54年は肩を痛めわずか1勝。55年も開幕から出場機会はなく、一軍登板ゼロのままこの日を迎えていました。

第1試合はリーグ最多勝が射程圏の巨人・大友工が1失点完投で30勝目を挙げます。続く第2試合の先発は入団2年目の堀内庄。プロ入り初勝利を目指す20歳の右腕は、4回表まで広島打線をノーヒットに抑えます。その裏、巨人は打線が繋がり一挙7点を挙げ7対0とリード。堀内があと1イニング投げれば勝利投手の権利を得る5回表でした。巨人の水原円裕(茂から改名)監督は球審の有津佳奈馬に「ピッチャー藤本」を告げたのです。

この場面をネット裏の招待席で父親と一緒に見ていたのが、前和歌山市長の大橋建一さん（71）です。「水原監督はバックネット越しに公式記録員に何かを相談してから、球審に交代を告げましたね」。当時8歳だった大橋少年が勝利投手を決める規則を知る由もありませんが、水原監督は当日の公式記録員中川金三(きんぞう)に、藤本が5回から登板すれば勝ち投手になることを確認してから交代を告げたのでした。

マウンドに立った藤本は往年の球威こそありませんでしたが、バックの好守にも助けられ5イニングを被安打1、無失点の好投。巨人が9対0で勝利を収め念願の200勝を達成しました。藤本はこの登板を最後に現役引退しますが、粋な花道には名将・水原監督の親心がありました。

球場跡地に立つ和歌山県立体育館

大門川に架かる橋の上から見た和歌山県立体育館

黒潮がもたらす温暖な気候もあり、1956年にはパ・リーグの高橋ユニオンズが春季キャンプを張りました。国鉄和歌山駅から近い立地の良さもありましたが、県が国体招致をにらんで市内南部に陸上競技場や野球場などを集めた「紀三井寺(きみいでら)運動公園」を造ることになり、1963年限りで廃止されました。跡地には県立体育館が建てられ、今もスポーツに興ずる人々でにぎわっています。

調査協力：大橋建一さん
参考文献：「あがらの和歌山　歴史ってほんまにおもしゃいで」ＮＰＯ紀州文化の会
写真提供：新宮高校野球部ＯＢ会有志

（２０１８年11月30日）

球跡９

水原VS三原 宿命のライバルが対峙した北の大地

【苫小牧市営球場】

樽前山（たるまえさん）のふもと、太平洋の潮風香る勇払（ゆうふつ）平野に拓けた北海道苫小牧市。アイスホッケーやスピードスケートなどウインタースポーツの盛んな土地ですが、野球との関わりも深く、大正時代の１９２４年に硬式野球クラブ「オーロラ」が結成されています。

市営球場完成は１９４６年６月でした。１９１０年に操業を開始し、苫小牧を製紙の街に発展させた王子製紙苫小牧工場の社有地跡に造られたことからも、「王子製紙の後押しはかなりのものがあった」と地元新聞は伝えています。その球場が最大の盛り上がりを見せたのは１９６０年。王子製紙が操業50周年記念事業として、巨人対大洋のセ・リーグ公式戦を興行

写真提供：苫小牧市美術博物館

１万5000人の観衆で満員になった苫小牧市営球場（1960年６月15日 巨人対大洋８回戦）

写真提供：苫小牧市美術博物館

試合前に始球式を行う早川王子製紙苫小牧工場長（左）。中央は巨人・堀本投手、右は富澤球審

写真提供：野球チケット博物館

王子製紙の従業員に配られた無料入場券。裏面には工場所有の抄紙機（しょうしき）の写真が

しました。当時、自治体の周年事業としての招致はありましたが、一民間企業のプロ野球開催は極めて希少。その熱は当日の入場券からも伝わって来ます。

監督は巨人が水原茂、大洋が三原脩。東京六大学時代からしのぎを削った宿命のライバル対決です。加えて長嶋茂雄、王貞治らスター選手も来場。ところが王子製紙の従業員とその家族1万人が無料招待される関係で、販売チケットはわずか３１００枚でした。プラチナチケットを求め、発売開始日には早朝2時から窓口にファンが並び、発売開始の午前10時には２０００人が列を成したそうです。球場側もバックネット、選手名を掲示できるスコアボードを新調。仮設スタンドも３０００席設置し、舞台を整えました。

迎えた6月15日。開門が午前8時にもかかわらず、夜明け前から野球ファンが詰め掛けます。チケット争奪戦に敗れた人を目当てに、東京から32人のダフ屋も来道しました。苫小牧で7年ぶりのプロ野球、初の巨人戦開催は街を野球一色に染めました。午後2時1分に始まった試合は、3回表大洋が2点を先制すると、その裏巨人も王が2点タイムリー二塁打を放ち同点に。均衡が破れたのは7回裏でした。巨人先発の堀本律雄投手が、大洋・鈴木隆投手からバックスクリーン直撃の本塁打を放ち、勝ち越し。結局この一打が決勝点となり、3対2で巨人が勝利を収めました。ファンにとっては濃密な1時間49分の宴でした。

　この試合の球審を務めたのは入局6年目、当時28歳の富澤宏哉審判員です。60年近くの歳月が流れ87歳になった富澤さんに始球式の写真が残っていたことを伝えると、「覚えているよ。苫小牧はこの1回しか行っていないから」と間髪を入れずの返答。続けて「ホームベース上でクロスプレーがあってね。ジャッジを下した私の位置が、ネット裏に陣取ったカメラマンの撮影の邪魔になったようで〝富澤さんのお尻しか写っていなかった〟と言われましたよ」。若き日の記憶を、つい先日の出来事のように描写しました。公式戦出場試合数3775は歴代2位。1959年の天覧試合にも出場した審判界のレジェンドの脳裏には、今も北の大地での一戦が鮮明に刻まれています。

　地元の高校野球部の練習場としても頻繁に使われました。中でも校舎が隣接していた苫小牧工業高校にとっては、ホームグラウンドのようなもの。同校で野球部監督を務め、甲子園にも出場した金子満夫さん（80）は「いい球場でしたよ。スタンドは今の球場（市営緑ヶ丘野球場）より立派だったん

球場跡地に建てられた苫小牧市総合体育館

じゃないかな」。１万人を超す収容力を誇った球場を懐かしみます。その使命を終えたのは１９７２年でした。市内清水町に市営球場（オーロラ球場＝２００３年閉場）が新設されたことで閉鎖。跡地には総合体育館が建設され、スポーツコミュニティーの場として市民に親しまれています。

（２０１８年12月14日）

調査協力：富澤宏哉さん、金子満夫さん、苫小牧市美術博物館
参考文献：苫小牧民報（１９６０年６月15・16日）
写真提供：苫小牧市美術博物館、野球チケット博物館

球跡10

昭和の時代に勇者たちが駆けた舞台

【阪急西宮スタジアム】

阪急西宮北口駅の南東改札を出ると、西日本最大級のショッピングセンター「阪急西宮ガーデンズ」が視界に飛び込んで来ます。かつてこの場所にはプロ野球の草創期から数々のドラマを生み、阪急ブレーブスの本拠地として勇者たちが駆けた西宮球場がありました。

建設の命を下したのは阪神急行電鉄（現阪急阪神ホールディングス）創始者の小林一三（こばやしいちぞう）。同じ在阪の鉄道会社阪神電鉄に対してライバル心を抱いていたとされ、甲子園球場にも優る豪華な設計図が描かれました。しかも建設予定地は西宮北口駅の真上。「ターミナル・スタジアム」という驚天動地の計画でした。しかし、神戸線と今津線のクロスした辺りをホームベースとす

出典：阪急西宮ガーデンズ4階 メモリアルポイントの写真より

1937年５月、竣工時の阪急西宮球場

ると、グラウンドに必要な円周の中に阪神電鉄が所有する土地が黒点のように存在。それらの用地買収が上手く行かず断念し、駅から徒歩3分の遊戯施設「大毎フェアランド」の跡地に造られました。

職業野球が1年目のシーズンを終えた1936年冬に着工し、5カ月間の突貫工事で1937年5月に完成。シカゴではなく、ロサンゼルスにあったリグレー・フィールド（1925年開場）を参考に、内外野天然芝、日本初の二層式スタンドなど斬新なアイディアが取り入れられました。甲子園球場に対抗してバックネット後方のスタンドには鉄傘（てっさん）も設置され、開場当初は5万5000人の観客を収容できました。

1983年の阪急西宮球場のジオラマ模型（1/150サイズ・阪急西宮ギャラリーより）

野球殿堂入りされた方々の表彰レリーフ（阪急西宮ギャラリーより）

球場が最も輝いたのは、ここを本拠地とした阪急が1967年から12年間で9回のリーグ優勝を果たした時期でしょう。1967年にチーム創設32年目で悲願の初優勝を遂げると、パ・リーグきっての強豪に成長。1975年からはリーグ4連覇、3年連続日本一と黄金期を築きました。また1971年のオールスターゲームでは全セの先発江夏豊（阪神）

が、3回を9者連続奪三振（投球数41）という驚愕のピッチング。1979年の日本シリーズで「江夏の21球」伝説（＊球跡㊻参照）が生まれる8年前、「41球」の舞台となったのが西宮球場でした。

　史上初の放棄試合はここで起きました。1946年9月27日、セネタース対ゴールドスター12回戦は午後1時開始予定でしたが、宝塚にあったセネタースの宿舎付近は早朝から大雨に見舞われました。試合開催は不可能と勝手に判断した選手たちは、なじみの運動道具店にバットを買いに行ったり、知人の家を訪ねるなど、それぞれが勝手に行動をします。ところが昼近くになると、朝の天気が嘘のように晴れ上がったのです。あわててユニフォームで駆けつけた選手が4、5人いました。連盟関係者は宿舎に電話をかけ開始を30分遅らせる対応もしましたが、結局9人揃うことはなく、午後1時45分に球審金政卯一（かねまさういち）が放棄試合を宣告。規定通り9対0でゴールドスターが勝利を得て、セネタースには罰金、観客への弁済金として1万5928円の支払いが命じられました。通信手段の整備が万全でなかった戦後の混乱期ならではの〝事件〟です。

　1980年代半ば、三塁側の一階内野席にはエレクトーン（電子オルガン）演奏のブースがありました。当時大学生で阪急のファンクラブに入っていた伊藤修久さん（55）は、あるとき担当の女性にクインシー・ジョーンズの「ジャスト・ワンス」をリクエスト。するとイニングの合間にジャジー

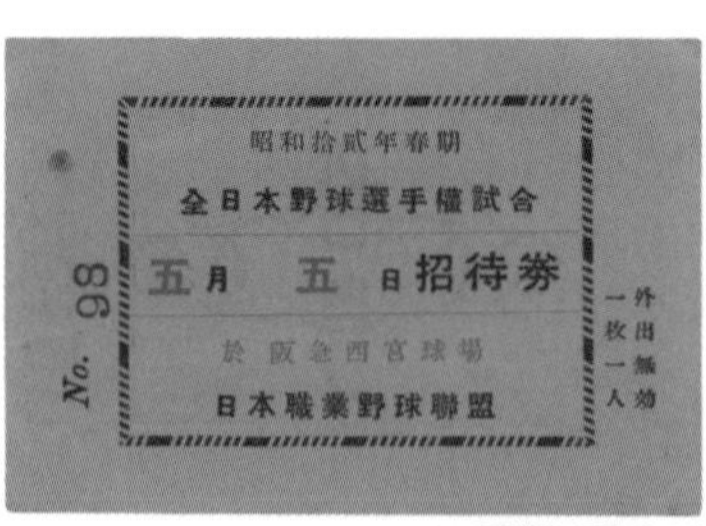

写真提供：野球チケット博物館

西宮球場で初めてプロ野球が行われた1937年5月5日の招待券

なメロディーが流れ、嬉しいと同時にすごく恥ずかしい気持ちになった」と青春時代を懐かしみます。
「上質な阪急」を代表するランドマークの運命が一変したのは、１９８８年秋のブレーブスの身売りでした。１９９０年限りで本拠地としての役目を終え、その後は阪神の試合を開催したり、競輪やアメフトなどにも使用されましたが、２００２年を最後に閉鎖。その後解体され、冒頭の施設に様変わりしました。その一角には阪急西宮ギャラリーがあり、阪急ブレーブスの栄光の品々が展示されています。

（２０１８年12月26日）

調査協力：伊藤修久さん
参考文献：「昭和の東京 記憶のかけら」矢野誠一、「野球場大特集 ２００１夏季号」ベースボール・マガジン社
写真提供：野球チケット博物館

球跡⑪

フォークボールの神様・杉下茂 神様の前でセ初の投手満塁弾

【祐徳（ゆうとく）国際グラウンド】

詩人野口雨情が『肥前名所は祐徳稲荷　運と福との授け神』と詠んだ佐賀県鹿島市の祐徳稲荷神社。京都・伏見、茨城・笠間とともに日本三大稲荷の一つに数えられ、２０１９年の正月も80万人を超す参拝者が商売繁盛、家運繁栄等を祈願しました。荘厳華麗な本殿と道路を挟んで向かい側にある来訪者用の駐車場には、かつて祐徳稲荷神社が造った野球場がありました。

昭和初期、全国の神社は球場建設に積極的でした。明治神宮（１９２６年）、豊川稲荷（１９２８年）、札幌神社（１９３４年）に続き、１９３５年４月に祐徳国際グラウンドとして開場。佐賀県下では杵島（きしま）郡大町町の杵島炭鉱グラウンド（現大町町民グラウンド）に次ぎ、二番目の専用野球場でした。

1935年４月 開園祝賀試合が行われた祐徳国際グラウンド

グラウンドの一角（右中間）には1934年完成のプールもあった

1935年10月 正門（右下）完成時の祐徳国際グラウンド

公式戦初開催は二リーグ分立直後の１９５０年4月21日。福岡市に球団事務所を構えたセ・リーグの西日本が、中日を帯同しました。プロ野球とは言え、この年に結成された新興球団の西日本と、九州に馴染みの薄い中日の対戦には地元野球ファンもさほど興味を示さず、観衆はわずか１０００人。試合は4本塁打を放った中日が12対1と圧勝しました。

この試合で輝いたのは中日2年目の杉下茂投手でした。投げては9回を被安打4、1失点で完投。バットでは6回表に野本喜一郎投手から左翼ポール際へ満塁本塁打。「投手の満塁本塁打」はセ・リーグ史上初で、一リーグ時代から数えても5本目の貴重な一発でした。杉下は前年、明治大学時代の投げ込みの影響で右肩痛を発症。8勝12敗とプロでのスタートに躓きましたが、2年目はこの試合で早くも4勝目（1敗）。大学時代にマスターしたフォークボールを武器に、その後も白星を重ねシーズンではチーム最多の27勝。２０９奪三振で最多奪三振のタイトルも獲得しました。

公式戦から70年近くが経ち、地元でもプロ野球が開催されたことを知る人は少なくなりました。そんな中、杉下茂さん（93）は生涯唯一となる満塁本塁打を記録したこともあり「私にとっては縁起のいい球場」と、今でも祐徳国際グラウンドのことを忘れていません。また、大学2年生（1947年）の夏には社会人野球の杵島炭鉱（大町町）とのオープン戦で佐賀県を訪問。登板はしませんでしたが「嬉野温泉に泊まって、ごはんを腹いっぱい食べさせてもらいました」と戦後の食糧難のなか、炭鉱で潤い遠征費用も負担してくれた街を記憶に刻んでいます。

巨人の監督を14年間務めた川上哲治も、現役時代このグラウンドに立ちました。初の公式戦が開催される半年前、1949年の暮れも押し迫った12月19日。その秋に組織されたセ・リーグのPRを兼ねたオープン戦で阪神と対戦。師走の冷たい雨が降り続く中、10本の本塁打が乱舞し15対5で巨人が勝利しました。試合前夜、嬉野温泉に宿泊した川上さんは映画館で行われた「花形選手のど自慢大会」にも出演し、美声を披露したそうです。2000年秋、姪っ子が祐徳稲荷神社の門前商店街の一角に店を出した際には、関係者への挨拶のため50年ぶりに再訪。雨中のオープン戦を懐かしみました。

祐徳稲荷神社は1949年に不審火で全焼。球場に関する資料の多くも焼失し、球場がいつまで存在したか定かではないそうです。そんな中、「フォークボールの神様」「打撃の神様」と崇められた偉

跡地は祐徳稲荷神社外苑駐車場になっている

大な両選手が、〝神〟の前で刻んだ足跡はスコアカードや新聞にしっかり残されています。

（２０１９年1月18日）

調査協力：祐徳博物館
参考文献：西日本新聞 佐賀版（２０００年9月30日、２０１０年11月11日）
写真提供：祐徳博物館

球跡12

高度経済成長期の下町を明るく照らした「光の球場」【東京スタジアム】

東京オリンピック開催を2年後に控えていた1962年。まだ高層ビルもなかった東京の下町・荒川区南千住の一角に、巨大なランドマークが出現しました。総工費30億円を費やして完成した東京スタジアムです。

球場を造ったのは映画界の重鎮、大映の社長で大毎球団オーナーの永田雅一。巨人、国鉄とともに後楽園球場を本拠地として興行していましたが、「後楽園＝セントラルだ。大毎が独自の球場を都心に持たないと、パ・リーグの人気はいつまでたってもセの後塵を拝するだけ」と建設費のほとんどを私財で賄い、自前の球場を完成させました。

サンフランシスコのキャンドルスティック・パークをモデルに作られ、2本

カクテル光線に照らされた東京スタジアム

二階スタンドも満員の観衆で埋まった

南千住の町並みと東京スタジアム（1967年撮影）

のポール型鉄塔に支えられた照明灯からはオレンジがかった最新のカクテル光線が放たれました。内外野を緑の天然芝が覆い、日本の球場では初となるゴンドラ席を設置。地下には都内で五番目のボーリング場も完備。下町の野球ファンも選手も誇れる、日本一デラックスな球場でした。19年間オリオンズ一筋でプレーした醍醐猛夫捕手は、澤宮優『東京スタジアムがあった』（河出書房新社）で「ロッカーも広かったですよ。隣のアルトマンとの間に空間があったので、小さな冷蔵庫を買ってね。そこにビールを冷やして、試合後に飲んでいました。リラックスして試合に臨める球場でした」と懐かしんでいます。

豪華な付帯設備とは対照的に、グラウンドの作りには問題がありました。両翼90メートル、中堅120メートルは当時としては標準的な距離でしたが、左中間、右中間の膨らみがなく一直線に近かったのです。「野球盤と同じ」と言う選手もいたほどで、本塁打の出やすい球場でした。プロ野球史上唯一の記録として残る「イニング5者連続本塁打」が飛び出したのは1971年5月3日のロッテ対東映5回戦でした。6対6で延長戦に入った10回表、東映の攻撃。2死満塁から代打作道烝が左翼席

跡地に建てられた荒川総合スポーツセンター

スカイツリーも望める南千住野球場

に叩き込んだのを皮切りに、大下剛史、大橋穣、張本勲が続き4者連続本塁打のタイ記録。そのあと「もう狙っていました。気持ちいいね」という大杉勝男の一発が出て、プロ野球新記録が達成されました。この時、前のイニングまでマスクを被っていた醍醐さんは「東京スタジアムじゃなかったら、1、2本は入っていないはず」と苦笑いで振り返っています。

開場初年度はリーグ2位の約73万人（後楽園での10試合も含む）を動員してにぎわったスタンドも、翌年以降は50万人を割り、6年目の1967年にはリーグ最少の28万人。1試合平均4000人と急激にファンの足は遠のいて行きました。シーズン中は一般の草野球チームに球場を貸し出し、オフにはゴルフ練習場や、スタンドにアイスリンクを作りスケート場として営業を行いました。時を同じくして、永田オーナーの本業である映画界の斜陽化も深刻でした。

そんな中、選手が奮起し優勝への機運が高まったのは下町に居を構えて9年目の1970年。榎本喜八、有藤通世、山崎裕之、アルトマンらを軸とした強力打線と、成田文男、木樽正明（きたるまさあき）、小山正明らの投手陣が噛み合い、ペナントを独走。2位南海に10・5ゲームの大差で10年ぶりにパ・リーグを制しました。優勝決定の試合では、永田オーナーもグラウンドになだれ込んだファンの手によって何度も宙を舞いました。

しかし、優勝で映画界の斜陽を背景にした財政難が解決するわけもなく、大映は1971年1月に球団経営から手を引き、ロッテに譲渡。同時にスタジアムも手放しました。主の去った球場は1972年限りで閉鎖、77年に解体されました。日本の高度経済成長期に建設され、下町の暗闇を明るく照らし「光の球場」とも呼ばれた東京スタジアムは、わずか15年で幻のように消えてしまったのです。

跡地には五輪競泳の金メダリスト・北島康介選手が子供時代に泳いでいたプールもある荒川総合スポーツセンターが建ち、軟式野球場も2面確保され、野球を楽しむ人々が絶えません。そのグラウンドからは東京スカイツリーを望むことができます。昭和から平成、そして令和へ。時代が移ろいます。

（2019年1月29日）

「イニング5者連続本塁打」が記録された1971年5月3日のロッテ対東映5回戦の入場券

参考文献：「東京スタジアムがあった」澤宮優、デイリースポーツ（2016年4月20日）
写真提供：荒川区、野球チケット博物館

球跡⑬

東北初 外国人名を冠にした野球場【大三沢リッドルスタジアム】

「ゴー」。夜のとばりが下りた街に突如戦闘機の爆音が轟き、夜空を見上げました。航空自衛隊と米軍が共同利用する、三沢基地のある青森県三沢市（1958年8月31日まで大三沢町）。後日、市のホームページで確認すると、この日は航空自衛隊による夜間飛行訓練が行われていました。

戦時中の三沢海軍飛行隊の飛行場が米軍に接収されたのは終戦直後の1945年9月。豊かな自然に恵まれ、馬産業や漁業で栄えていたのどかな田舎街は米軍人やその家族が暮らし始め、異国情緒漂う国際都市へ変貌して行きます。街中の広場では米軍同士や、米軍対地元建設会社の野球対抗戦が盛んに行われるようになりました。しかし、野球熱の高まりにもか

東北で初めて外国人の名前が冠に付けられた大三沢リッドルスタジアム

球跡 13
大三沢リッドルスタジアム

夕日に映える大三沢リッドルスタジアム

かわらず、大三沢町には野球場がありませんでした。

それを見かねて、当時米軍基地の維持管理司令官を務めていたリッドル（ＬＩＤＤＬＥ）中佐が、米軍従事者の厚生施設として球場建設を命令。米軍が駐留して４年目の１９４９年、６～7段の木製スタンドを備えた野球場が町内桜町に完成し、中佐の名前から「大三沢リッドルスタジアム」と命名されました。外国人名を冠にしたプロ野球開催球場では、旭川市のスタルヒン球場（１９８２年９月23日に旭川市営球場から改称）が有名ですが、それよりも時代をさかのぼること30年以上。本州最北の青森県に米軍中佐の名前から命名された球場があったのです。

その大三沢に最初で最後となるプロ野球がやって来たのは二リーグ分立の１９５０年。９月27日に巨人、西日本、中日、広島のセ・リーグ４球団が集結し、変則ダブルヘッダーを行い５０００人の観衆が詰め掛けました。巨人対西日本の試合では、巨人の４番川上哲治内野手が２試合を通じて

球場正門には「LIDDLE STADIUM」のアーチ型看板が掲げられていた

唯一の本塁打を右中間スタンドへ叩き込み、ファンを沸かせました。ちなみにこの試合は「リッドル中佐プレゼント」と銘打たれての興行で、当時から米軍が地元住民との融和に力を注いでいたことが伺えます。

三沢市の体育協会会長を8年間務めた豊川昭一さんは2005年に開かれた「三沢市体育協会50周年記念座談会」で、「球場の近くにリッドルスタジアムのクラブハウスがあり、建物の半分に私が住んでいたんです。プロ野球を開催した時、巨人の監督、コーチ、選手がクラブハウスを休憩所にしましたが、一部の首脳陣には私の家の部屋を提供しました。帰り際に、世話になったお礼にとサインボールをかなり頂きました」と回想しています。この年、巨人監督はキャリア1年目の水原茂（選手兼任）。その後、東映、中日と3チームで通算21シーズン指揮を執り、歴代4位の1586勝をマークすることになる名将との触れあいは、生涯忘れられない思い出として刻まれました。

跡地に立つ三沢市公会堂

三沢と言えば1969年夏の全国高校野球選手権大会で、三沢高校野球部の準優勝も印象に残ります。全国区のヒーローとなった太田幸司投手（後に近鉄、巨人、阪神）ら、選手のほとんどは三沢市内出身でしたが、彼らの成長の源にもなった米軍との関係を見逃すことはできません。「太田が小学生の頃に米軍主催のリトルリーグの大会があって、その練習で週に数回米軍基地内に連れて行って硬球を握らせました。その経験が後々、いい結果を生んだのだと思います」。前掲の座談会で、チームの世話役を務めた気仙軍司さんが恵まれた野球環境を振り返っています。

敗戦により米軍との共存を余儀なくされた街にとって、野球は貴重な潤滑油となりました。米軍人や町民たちの歓声がこだましたリッドルスタジアムでしたが、街の中心部にあったこともあり、都市計画により１９６０年ごろに閉鎖。跡地には三沢市公会堂が建てられました。今では、その地に東北初となる外国人名を冠にした野球場が存在したことを知る人は少なくなりました。日本中を熱くした三沢高校野球部の快進撃から、この夏で50年が経ちます。

（２０１９年2月15日）

調査協力：三沢市教育委員会、三沢市図書館
参考文献：「三沢市体育協会創立50周年記念誌・蒼天」三沢市体育協会

球跡⑭

「球都桐生」で迎えた戦後プロ野球の夜明け

【桐生新川球場】

江戸時代には「西の西陣、東の桐生」と言われ、古くから織物産業で繁栄して来た群馬県桐生市。ＪＲ桐生駅南口から徒歩5分ほどのところに、直径約80メートルの円形の芝生が広がる新川公園があります。東側の正門入り口付近には野球ボールの飾りをあしらった赤い御影石があり、「新川球場を偲ぶ」と文字が刻まれています。昭和が終わりを告げようとしていた１９８７年10月まで、ここは野球場だったのです。

織物会社の経営で財を成し、桐生市体育協会会長を務めていた堀祐平さんが発起人となり、野球場のほか陸上競技場、テニスコート、プールを併設した新川運動場の設置を計画。私財を投じ、10カ月の工事期間で

新川運動場時代にはプロ野球の東西対抗戦も行われた桐生新川球場 © 桐生市

天皇の行幸を示す「聖蹟」の文字も刻まれた新川運動場の石碑

カスリン台風で壊滅的被害を受けた新川運動場の惨状

１９２８年11月に完成させました。６年後の１９３４年10月には昭和天皇の行幸を仰ぎます。これを記念して１９３６年10月に設備一切を市へ寄付する申し出をし、翌年４月から市有施設になりました。

野球場はプロ野球史に欠かせない歴史を刻んでいます。戦後のプロ野球は終戦から３カ月後に球音が戻ってきました。１９４５年11月23日、神宮球場で東西対抗戦の初戦を行い、第２戦は24日に桐生で開催。公式記録員の広瀬謙三は「球場は戦災復興住宅の建設作業場となっており、外野の奥には木材が堆積。大工さんが働いており、試合中も馬車やトラックが出入りする異様な風景。その中で行われた」と戦記を残しています。市内はＢ29による空襲を免れましたが、前橋、高崎、伊勢崎には大量の焼夷弾が落ち、戦災都市となりました。桐生市はその復興に力を貸していたのです。馬車が外野を通る度にゲームは中断されましたが、戻ってきた球音と歓声は、平和を実感させる希望の調べでした。

ところで、それまで東京と大阪が舞台だった東西対抗戦が、なぜ終戦直後桐生で行われたのでしょうか。多くの文献には「神宮球場で２試合予定されていたが、22日は降雨中止

1952年の秋、東急対国鉄オープン戦の４球場共通入場券

公園入口に作られた桐生新川球場を偲ぶ記念碑

となった。代替試合を行なうにも神宮球場が使えず、鈴木龍二（連盟事務長。後にセ・リーグ会長）の人脈を頼りに、急遽出身地の桐生で開催された」とあります。

改めて調べてみると、11月17日付けの上毛新聞に「進駐軍を招待 桐生で野球試合」と題し、クラブチームの全桐生、全前橋、全高崎、職業野球（プロ野球）の東軍、西軍が参加しての試合日程が掲載され、24、25日の2日間は「全日本職業野球団東西対抗戦」が組まれていました（25日の試合は西軍が進駐軍との試合のため帰阪して中止に）。戦後桐生市の近隣、太田の中島飛行機工場には1000人、旧前橋陸軍予備士官学校には2000人の米国軍人が進駐。東西対抗戦は、軍人のためにあらかじめ組まれた慰安試合だったのです。

上毛新聞によると神宮球場での東西対抗戦開催5日前の11月18日には、新川運動場で全桐生対セネタース戦が行われています。セネタースは戦後結成された新興球団で、東西対抗戦で彗星のごとく現れたヒーロー・大下弘が在籍。11月6日に連盟への加盟登録を行ない、これがチーム初の対外試合でした。この時点でセネタース以外に活動を再開したプロ野球チームの記録は残されていませんから、戦後のプロ野球は桐生で夜明けを迎えたことになります。

桐生新川球場

戦禍を逃れた野球場でしたが、１９４７年9月のカスリン台風ではフェンスが流失し、スタンドは倒壊の壊滅的被害を受けます。それでも復旧工事を行い、１９５８年までに17試合のプロ野球を開催しました。１９６１年には大規模な改修工事が行われ、野球専用施設となり桐生新川球場と名称を変更。春夏合わせて26回も甲子園に出場した桐生高校や、社会人の都市対抗野球で準優勝した全桐生らの活躍で「球都」と呼ばれた桐生の、野球のメッカになりました。

その使命を終えたのは前述のように１９８７年でした。10月4日に新川球場サヨナラ記念マラソン野球大会が行われ、60年の歴史に幕を閉じました。跡地はＪＲ桐生駅周辺整備事業の一環で、滝をイメージした噴水や野外ステージが作られ、「水と緑」をテーマにした憩いの場として市民に親しまれています。新川公園中央にある円形の芝生広場が、球都の歴史を偲ばせます。

（２０１９年3月1日）

直径約80メートルの円形芝生が広がる新川公園

参考文献：上毛新聞（１９４５年11月17～24日）、「桐生市勢要覧」桐生市役所
写真提供：桐生市、野球チケット博物館

球跡15

セ・リーグが産声を上げ ベイスターズが航海を始めた地【下関市営球場】

捕鯨や遠洋漁業の一大基地として栄えた本州最西端の港町・山口県下関市。水揚げ高が全国1位を誇るフグの街としても知られています。古くから野球が盛んで、プロ野球誕生前の1931年11月に社会人野球の八幡製鉄所と、アメリカ大リーグ選抜の日米野球が行われています。また、今年球団創立70周年を迎えた横浜ＤｅＮＡベイスターズ発祥の地です。

横浜ＤｅＮＡの前身、「まるは球団」が誕生したのは1949年11月（大洋ホエールズへ名称変更は1950年3月）。連盟名誉総裁の正力松太郎は、戦後のプロ野球の隆盛から二リーグ制を計画。これにより球界に空前の大変革が起き、チーム数は8から一気に15まで増えます。その波に乗っ

満員の観衆で埋まった下関市営球場。球場外の屋根の上で見物する人の姿も見える（1960年6月29日 大洋対巨人戦）

1953年から1970年にかけて７回の日米野球も開催されている

球場跡地に建つ下関市立市民病院

たのが下関市で水産業を営む大洋漁業（現マルハニチロ）でした。鯨の捕獲量規制などなかった時代。商業捕鯨で潤い、球団創立資金の約６０００万円も容易に調達。市内に球団事務所を構え、セントラルリーグに加盟しました。

その球団創立とほぼ同時期に完成したのが下関球場です。市内には前述の日米野球を開催した長府球場がありましたが、戦時中に軍需工場建設のために閉鎖。新球場は向洋町の大畠練兵場跡地に、総工費２５００万円で建設されました。そのうち２０００万円は市民にも出資を呼びかけ、出資者による組合団体を結成して運営を試みます。１９４９年9月の市報「下関」には「全国のスイを集めて理想的な野球場を建設」とあり、「下関球場株式募集」の見出しが躍ります。収容人員はなんと5万人！と記されています。

１９５０年に8球団で産声を上げたセ・リーグは、4球団ずつに分かれて、平和台球場と大洋のお膝元である下関球場で開幕を迎えます。パ・リーグが3月11日に東京、大阪、福岡の3都市で一斉開催のアドバルーンを上げたのに対抗し（試合は西宮のみで開催)、前日の10日を開幕日と決めました。下関には大洋、国鉄、中日、阪神が集結。記念すべきセ・リーグ幕開けの試合は大洋対国鉄戦で、大洋のエース今西錬太郎(れんたろう)が国鉄打線を2安打完封。2対0で大洋が勝ち、地元ファンを沸かせました。11日には松竹の岩本義行が、中日戦でセ・リーグ第1号となる満塁本塁打を放つなど、下関球場にはメモリアルな記録が刻まれています。

出資者による球場運営は面白い試みでしたが、経営は振るわず初年度で頓挫。オープン1年後の1950年11月には早くも市に身売りをし、下関市営球場と名称変更されました。大洋はプロ野球にフランチャイズ制度が導入された1952年、ここを本拠地とします。とは言っても、主催60試合のうち開催は18試合。しかも8試合は観衆1000人以下で、10月12日の松竹戦の発表は200人。当時下関市の人口は約20万人で、地方都市でのプロ野球の興行には限界がありました。松竹との合併で大洋松竹となった1953年から2年間は、下関でわずかに5試合。再び大洋ホエールズとなった1955年、本拠地を川崎球場へ移転しました。

それでもチーム発祥の地である下関への恩義を忘れることはなく、年間数試合の公式戦とオープン戦を開催しました。今も語り継がれるダブルヘッダーがあります。3万人の観衆が詰め掛けた1960年6月29日の対巨人戦です。どちらも延長12回までもつれ込み、第1試合は沖山光利の送りバントの処理を巨人・森昌彦が誤りサヨナラ勝利。続く第2試合は桑田武がサヨナラ本塁打を叩き込みました。6月26日の国鉄戦でもサヨナラ勝ちを収めていて、セ・リーグ初の3試合連続サヨナラ勝利。前年まで6年連続最下位の屈辱に沈んでいた大洋でしたが、この勝利を挟み8連勝をマークした7月3日に首位に立つと、巨人との熾烈な終盤戦を制し、球団創設11年目で初優勝。日本シリーズではパ・リーグ覇者の大毎を4タテ(7試合中、第1戦から4連勝)で退け、日本一へ上り詰めました。

下関市営球場は老朽化のため1985年で閉鎖、解体され、跡地には下関市立中央病院(現下関市立市民病院)が建設されました。現在の下関球場(オーヴィジョンスタジアム下関)は1988年7月、市の北郊の運動公園に完成。大洋から横浜にチーム名が変わっても、ここでオープン戦や公式戦を開催しました。そして、2019年3月10日。横浜DeNAとなった2012年以降では初のオープン戦を行います。奇しくも、チームが船出をした70年前と同じ日に。しかも左胸に「WHALES」の文字、肩口に「まるは」のマークが縫い込まれた球団創設時のユニフォームを身にまとうそうです。

先人に敬意を表し、歴史を紡ぐ姿勢に拍手を送ります。セ・パ両リーグが誕生して70年の節目のシーズンが、まもなく始まります。

(2019年3月22日)

参考文献:市報「下関」第365号
写真提供:下関市総合政策部広報戦略課

球跡16

伝統の一戦 巨人対阪神 ここに始まる

【山本球場】

春はセンバツから——。第91回選抜高校野球大会が23日から始まります。その第1回大会が行われたのは元号がまだ大正だった1924年。会場は愛知県名古屋市の郊外にあった山本球場でした。

名古屋市営地下鉄鶴舞線のいりなか駅で下車。住宅地の坂道を上ること10分。集合住宅の敷地の一角に作られた「センバツ発祥の地」と刻まれたモニュメントが出迎えてくれました。この地で「第1回全国選抜中等学校野球大会」が開催されたことを記念し、石碑が設けられています。

球場の建設主はスポーツ用品問屋や不動産業などを展開していた山本権十郎さん。校区の白川尋常小学校（現名古屋市立栄小学校）の役員を務めて

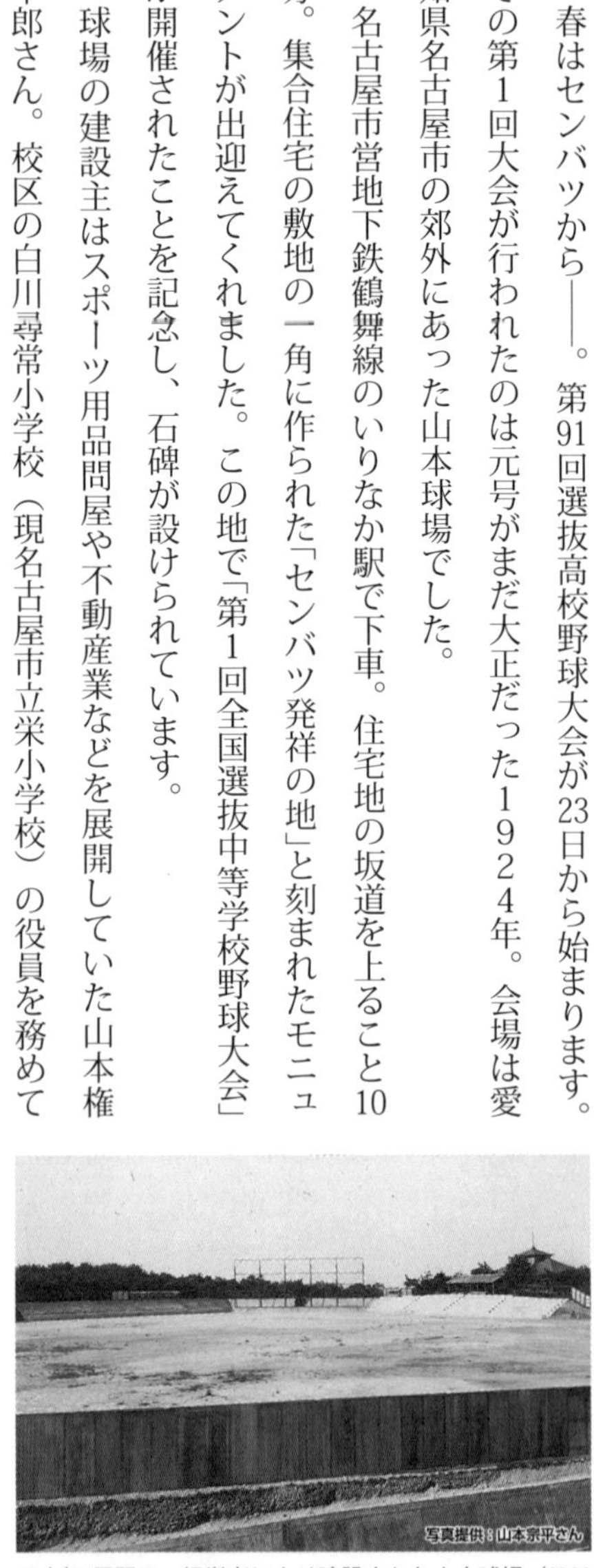

日本初 民間の一経営者により建設された山本球場（1928年ごろ）

いた関係で、自らの所有地を造成し、林間学校の運動場として提供していました。その場所に野球場を完成させたのは1922年10月。1858年（安政5年）生まれの権十郎さん、この時64歳。自らの名字から「山本球場」と名付けました。この頃、全国に20近くの野球場がありましたが、民間の一経営者による球場建設はこれが初めてでした。

グラウンドは赤土。外野フェンスはトタンで作られていましたが、2000人収容のコンクリート製内野スタンドを完備し、当時としては立派な球場でした。名古屋新聞（現中日新聞）には「当地の野球レベルも一段と向上を見るであろう」とあり、県下初となる野球場の誕生は、地元の大きな期待を受けていました。

プロ野球の開催は産声を上げた直後の1936年7月でした。東京、大阪、名古屋の3都市で、トーナメント形式による「連盟結成記念 全日本野球選手権試合」が行われました。その名古屋大会が山本球場で開かれ、7月15日から5日間で9試合を挙行。勝ち上がった阪急と大阪タイガース（現阪神）の間で決勝戦を行い、大阪タイガー

集合住宅の入口に「センバツ発祥の地」のモニュメントが設置されている

写真提供：山本宗平さん

第１回の選抜高校野球、巨人対阪神の初戦も行われた（1928年ごろ）

七月十八日午後四時半試合開始
職業野球 内野券
¥.80 税共
試合不能以外ハ料金拂戻致シマセン
主催 名古屋新聞社
後援 讀賣新聞社

写真提供：野球チケット博物館

1936年７月18日の入場券 トーナメント大会のため対戦チームの記載がない

写真提供：山本宗平さん

経営する店の前に立つ山本権十郎氏 右下にはスコアボードが見える（1930年）

スが11対７で阪急を下し、名古屋大会を制しました。

　この大会の初日、７月15日の第２試合は巨人対大阪タイガース戦でした（試合は８対７で大阪タイガースが勝利）。公式戦はこの年の４月29日にスタートしましたが、巨人は第２次米国遠征に出かけており不在。６月５日に帰国して、この大会から参戦しました。したがって、巨人と大阪タイガースが公式戦で対戦するのはこれが初めて。その後、両チームのスター選手による数々の名勝負から、いつしか「伝統の一戦」と形容されることになる巨人対阪神戦は、ここから球史を刻んでいるのです。

　事業で成功を収めた権十郎さんは様々な慈善事業に力を入れました。山本球場の建設もその一環で、校庭や広場で野球にいそしむ若人たちへの思いからでした。玄孫（やしゃご）に当たる山本宗平さん(47)は「スポーツをビジネスにしていましたが、『ゼンショー』という自社ブランドを立ち上げたのは野球だけでした。それだけ野球には愛情があったのでしょう。経営していた運動具店では野球チームも作っていたようです」と語ります。運動具店の軒先には手書きのスコアボードを作り、東京六大学野球などの結果を掲示。市民の間に野球を知らしめようと努めました。

センバツ発祥の地にして、伝統の一戦・巨人対阪神の栄えある初戦が行われた野球場。しかし、戦時中は食糧難からグラウンドが芋畑にされるなど、悲しい歴史もありました。戦後は1946年11月に名古屋鉄道管理局に無償貸与（後に売却）し、国鉄八事（やごと）球場に名称を変更。名鉄局、国鉄名古屋を経て、1987年からJR東海とチーム名を変えた硬式野球部のグラウンドとして長く使われました。しかし、1990年に国鉄清算事業団により、住宅都市整備公団と名古屋市住宅供給公社への土地売却が決定し閉鎖。跡地には前述の集合住宅が建てられました。

権十郎さんはプロ野球が発足して4年目、選抜高校野球大会が16回を数えた1939年に81歳で逝去しました。今年で没後80年。今日の日本における野球の隆盛を喜んでいることでしょう。

（2019年3月22日）

出典：愛知の高校野球全記録

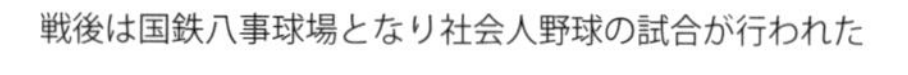
戦後は国鉄八事球場となり社会人野球の試合が行われた

調査協力：山本宗平さん、由里武彦さん
参考文献：名古屋新聞（1922年10月10日、17日）
写真提供：山本宗平さん、野球チケット博物館

球跡⑰

1試合13本塁打と完全試合の舞台

【石川県営兼六園野球場】

加賀百万石の城下町として栄えた石川県金沢市。その中心部にある兼六園は、岡山市の後楽園、水戸市の偕楽園と並び日本三名園の一つに数えられ、多くの観光客でにぎわっています。かつてその一角に県営の兼六園野球場がありました。第2回石川国体の開催に合わせて、歩兵練兵場跡地に1947年10月に完成。開設時は両翼85メートル、中堅までは90メートルと極めて狭い球場で、プロ野球を初めて開催した1948年4月25日の大陽対急映3回戦では両チームで6本塁打が乱舞。これをきっかけに同年9月には両翼90メートル、中堅97メートルまで拡張されました。

それでもプロ野球の猛者たちには狭かったようです。1949年4月26日に

最後の公式戦が開催された1973年の県営兼六園野球場

2007年の球場跡地

跡地の近くにある「兼六園野球場」の石碑

行われた巨人対大映4回戦は、両チーム合わせて13本塁打と球史に残る乱打戦になりました（現在もプロ野球最多タイ記録）。巨人先発の川崎徳次投手は8本塁打を浴び13失点しながらも、自らのバットで3本塁打、9打点と応酬。結局15対13で巨人が競り勝ち、完投した川崎は勝利投手に。被本塁打8は今もプロ野球記録で、失点13も勝利投手の失点数としては最多です。

投手陣には気の毒な一戦でしたが、北陸の野球ファンは大喜び。地元北國毎日新聞（現北國新聞）は「ホーマー實（じつ）に十三本」との見出しで、戦時中は野球から遠ざかっていた約2万人の観衆が打撃戦を楽しんだことを報じています。しかし、県側はさすがにこの規格ではと思ったのでしょう、再度球場の拡張に着手します。1950年3月には両翼99・1メートル、中堅122メートルと、現在のプロ野球の本拠地と比較しても遜色のない広さになりました。このことが再び、球史を彩るゲームを演出します。

1956年9月19日、国鉄対広島24回戦（ダブルヘッダーの第2試合）でした。国鉄のマウンドを任されたのは、地元金沢高校出身で入団5年目の宮地惟友（みやじよしとも）投手。前年までの勝利数は11にとどまって

跡地に建設された石川厚生年金会館（現北陸電力会館 本多の森ホール）

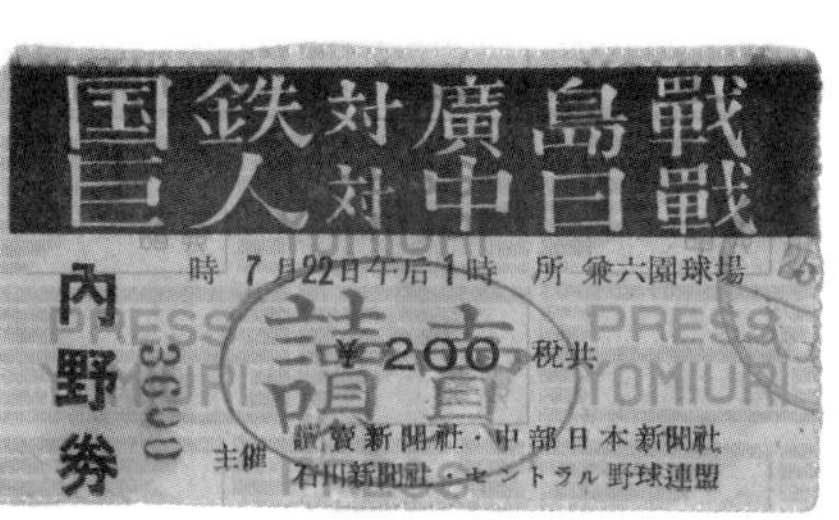

1950年7月22日に行われた変則ダブルヘッダーのチケット

いましたが、この年は開幕から好調で11勝を挙げて迎えた凱旋登板。「何とか地元でいいところを見せたい」と闘志を燃やしました。

初回、先頭打者にピッチャー返しを打たれますが、幸運にも打球はスパイクに当たり二ゴロ。5回にはライナーが宮地のグラブを強襲しますが、上手く弾いて遊直（ショートライナー）に。気が付くと9回2死まで一人の走者も出さず、打席には27人目の打者となる門前真佐人。「唯一緊張した」というこの場面、79球目となるシュートで右飛に打ち取ると、4000人の地元ファンから割れんばかりの拍手が送られました。プロ野球史上3人目となる完全試合達成。「故郷で達成したことが何よりの誇りです」。77歳の喜寿を迎えた2009年、地元新聞社のインタビューに力強く答えています。

この時代、国鉄の本拠地は後楽園でした。両翼78メートルで簡単に本塁打が飛び出す投手受難の球場だっただけに、両翼が100メートル近い兼六園でのピッチングが、精神的にも優位に立てたことは想像に難くありません。打者を手玉に取ったわずか79球の投球数は、完全試合における最少投球数として残ります。

野球場は施設の老朽化、周辺地域の宅地化により１９７３年11月に閉鎖。この間、１９４８年の初開催から26年連続でプロ野球を興行しました。地方球場の連続年開催としては県営富山の31年、札幌円山の27年に次ぐ記録で、北陸地方のプロ野球人気定着に貢献しました。跡地には１９７７年、石川厚生年金会館（現北陸電力会館 本多の森ホール）が建設されました。外野スタンドの膨らみをそのまま活かした扇形の建物が、かつての野球場の雰囲気を伝えています。

ところで、プロ野球の完全試合はこの試合を含め15回記録されています。中でも宮地が達成した１９５０年代後半からは〝完全試合ラッシュ〟で、55年〜61年の７年間で６回も記録されています。しかし、近年は打高投低が顕著で、平成の30年間では１９９４年に巨人槙原寛己投手が達成した１回のみ。令和の球史に名を刻む偉業達成を、心待ちにしています。

建物は外野の膨らみを活かして作られている

（２０１９年４月26日）

参考文献：北國毎日新聞（１９４９年４月27日）、北國新聞（２００９年９月19日）
写真提供：野球チケット博物館

球跡18

「城壁のバックスクリーン」で行われた唯一のプロ野球

【白河市営城山球場】

みちのくの玄関口、福島県白河市。１０００人を超す死者を出した戊辰戦争「白河口の戦い」の地としても知られ、その主戦場となった白河小峰城は大半を焼失し落城した歴史が残ります。城の二の丸跡が町民の公園広場を経て野球場に整備され、城山球場として開場したのは１９５２年８月でした。

草野球が盛んだった県南地区待望の野球場は、水はけの良さが自慢でした。白河野球連盟の副会長を務めた中上徹さん（75）は「球場の目の前が国鉄の機関区で、石炭の燃えガラがたくさんあり、それをもらってグラウンドの下に敷き詰めたそうです。水はけの良さは有名で、県内でも一番で

城壁がバックスクリーンだった白河市営城山球場（1967年ごろ撮影）

球跡18

白河市営城山球場

城壁を背に投球。昭和50年代になりバックスクリーンが設置された

跡地は公園広場として整備され、本丸には三重櫓が復元された

した」と回想します。

蒸気機関車の燃料だった石炭のガラは、直径が10ミリに満たない小石のようなもの。敷き詰めた石炭ガラの隙間に雨水が染みこみ、水はけを速めるようです。1924年に完成し、水はけの良さでは定評の甲子園球場も、1990年代半ばまで表面の土から10センチほど下に石炭ガラを敷いていました。情報の伝播が限られていた時代に、水はけの良さを求め英知を絞った球場設計者が、みちのくの地にも存在したのです。

プロ野球開催は球場完成4年後の1956年。6月にセントラル野球連盟からプロ野球の興行規格を満たした球場として認定されます。それを記念して7月7日に大洋対広島戦が行われ、広島が5回に木下強三（きょうぞう）のタイムリーで挙げた得点を守り抜き1対0で辛勝。大洋・秋山登、広島・長谷川良平とエース同士の息詰まる投手戦を、6000人の観衆が見つめました。

唯一の一軍戦開催となったこの時、どこの球場にも必ずあるバックスクリーンが設置されていませんでした。白河野球連盟で30年近く審判員を務め、このグラウンドにも立った河崎和昭さん(59)が記憶をたどります。「バックスクリーンが出来たのは、確か昭和50年代になってからです。それまではお城の石垣がバックスクリーンでしたね」。1967年撮影の球場写真には、左中間から右翼方向にかけて本丸を囲んだ10メートルを超える高さの城壁だけが写っています。その横幅は50メートル以上もあり、バックスクリーンとしての機能を十分果たしていたのです。

プロ野球は姫路城、弘前城、熊本城、松山城などの名城を含め、全国14カ所の城郭にあった野球場でも試合を行っていますが、「城壁＝バックスクリーン」はここ白河だけ。この試合は史上唯一、お城の石垣をバックスクリーンにして行われた一軍公式戦でした。

二軍戦は4試合開催されています。前出の河崎さんは小学4年生の時に父親に連れられ、弟と一緒に巨人対大洋のイースタン・リーグを観戦しました。「巨人、大鵬、卵焼きの世代ですから、二軍戦でも巨人の選手を見られるのが嬉しくてね。最高のご褒美でした」。奇しくも試合が行われたのは5月5日、こどもの日。巨人山内新一投手の投げる姿が、50年経った今でも脳裏に焼き付いているそうです。

プロ野球選手と接する機会の少なかった野球少年にとって、幼い頃の思い出は生涯の宝物なのです。

JR 白河駅前に広がる白河小峰城「二ノ丸茶屋」の文字あたりに野球場があった（白河小峰城に設置された案内板より）

野球場では野球のほか、白河馬市という馬の競り市や競輪も行われにぎわったそうです。しかし、史跡公園としての整備が決まり１９８７年に施設を撤去。跡地は再び公園広場として、市民憩いの場になっています。戊辰戦争により焼失していた建物は１９９１年に三重櫓（やぐら）、１９９４年に前御門が発掘調査や江戸時代の精巧な絵図をもとに木造で忠実に復元され、往時を偲ばせています。

（２０１９年５月31日）

調査協力：中上徹さん、河崎和昭さん、白河市立図書館

参考文献：全国高等学校野球選手権大会「１００回史」朝日新聞出版、白河日報（１９５６年６月27日）

球跡⑲

284勝サブマリンを育んだ 鉄の街の野球場

【釜石小佐野(こさの)球場】

3両編成のJR釜石線。花巻駅から快速列車に揺られ1時間50分。終点・釜石駅がある岩手県釜石市は、日本の近代製鉄発祥の地として栄えた三陸沿岸の鉄の街です。

日本選手権7連覇の偉業を成し遂げ、〝北の鉄人〟と称された新日鐵釜石ラグビー部と、〝東北の暴れん坊〟の異名で社会人の都市対抗野球大会に18回出場した野球部が、街の人々の誇りでした。

野球部は釜石鉱山時代の1932年に創部され、母体の組織変更により日本製鐵、富士製鐵、新日鐵と名称がその後変わった中で、富士製鐵時代の1952年6月、市内小佐野に野球部専用球場を建設しました。独特の

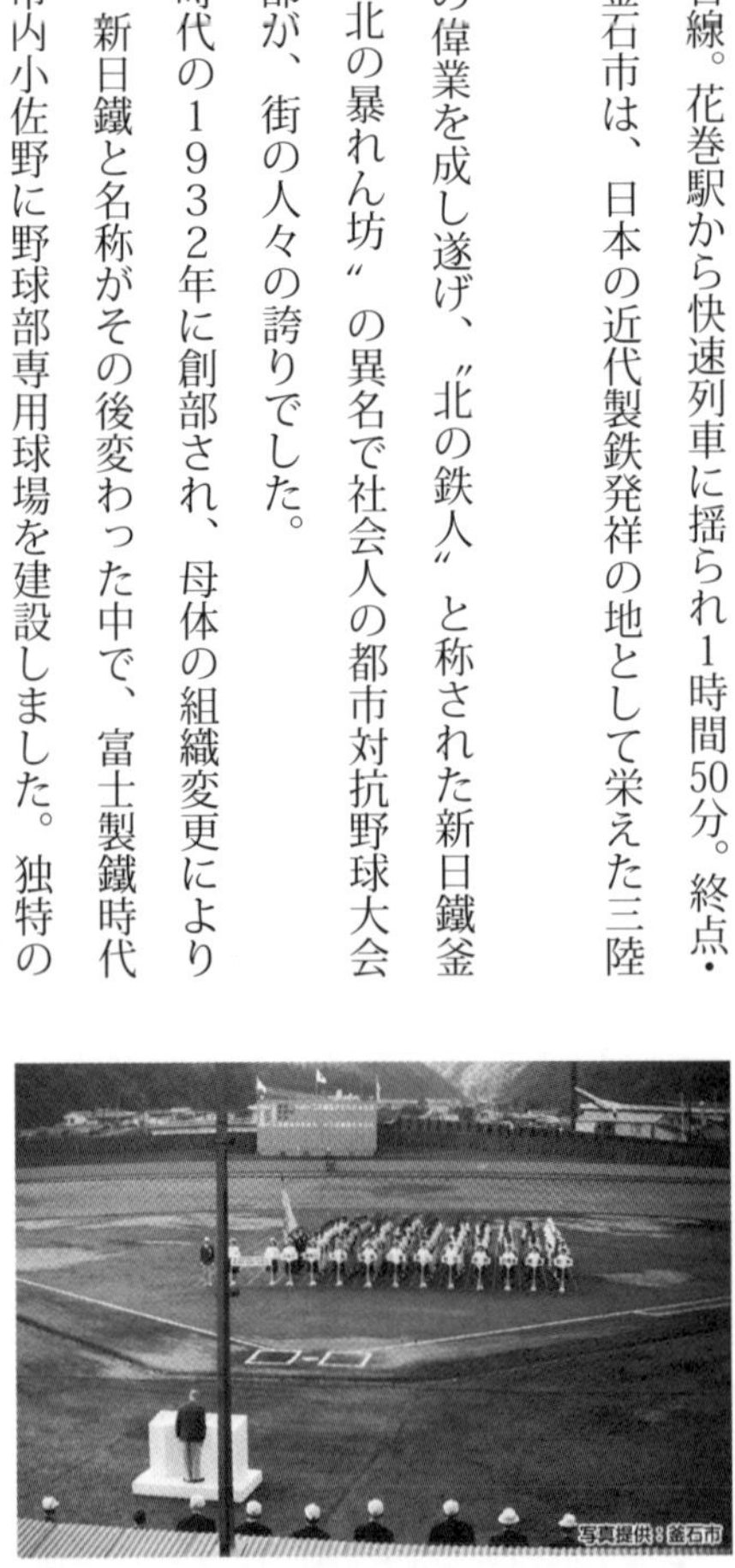

国民体育大会では軟式野球会場として使用された（1970年撮影）

球場の最寄り駅だったJR小佐野駅

跡地には老人介護施設が建設されている

サブマリン投法でNPB歴代7位の通算284勝、阪急の黄金時代を支えた山田久志さん（70）の野球人としての礎は、ここで築かれました。

球場の最寄り駅はJR小佐野駅。車社会となった今日では、1日の乗車人員わずか50人。昭和の面影が残る小さな駅舎の写真を見ながら、山田さんが52年前の記憶をたどります。「懐かしいねえ。この駅前に野球部専用の寮があってね。球場も立派で、さすが大きな会社だけのことはあると思ったよ」。山田さんが秋田県の能代高校を卒業し、入社したのは1967年。時代はちょうど高度経済成長期。しかも、製鉄業や鉄鋼業は当時花形の基幹産業でした。

「午前中働いて、午後から練習。球場にナイターの設備はなかったけど、何か灯りを照らして日が暮れても練習をしていた。ボール練習は出来なくても、走ったりして体力強化はできたからね。とにかく走らされたよ。球場から山のほうへ行き、釜石駅を回って、川沿いを小佐野まで帰って来るコース。厳しかったなあ」。

豊富な練習量と、入社後に取り組んだ独特

の投法が奏功。1年目の都市対抗野球で優勝候補の日本生命を3安打完封し、その名を全国に轟（とどろ）かせます。その年のドラフト会議で西鉄から11位指名を受けましたが入団拒否。翌年は1回戦で八幡製鐵に敗れますが、チームを2年連続全国大会へ導いた実績が評価され、阪急から1位指名を受けました。この時、腰椎分離症を患っていたこともありチームに残留。翌年、都市対抗野球出場後の8月に正式契約を結び、入団しました。

「私は釜石に拾ってもらったんです。茨城県の日本鉱業を受験したけど落ちちゃってね。それでここに入ったの。釜石には2年半しかいなかったけど、全てはここで学んだ。野球の基礎知識、ピッチングフォーム、投手としての心得、先輩との接し方、社会人としての生き方。釜石に行ってなかったら、間違いなくその後の野球人生はなかったと思う。感謝しても、しきれないですよ」。

阪急では入団3年目の1971年に22勝、防御率2・37で最優秀防御率のタイトルを獲得すると、翌年は20勝を挙げ最多勝。1976年からはプロ野球初の3年連続リーグMVP獲得と、球史に名を刻みました。日本鉱業の入社試験に落ち失意の底にある18歳の少年に、鉄の街の野球部が手を差し伸べていなかったら…。1970年代のパ・リーグの勢力図は、違ったものになっていたかも知れません。

跡地に建立された記念碑。「東北の暴れん坊」の文字が刻まれている

隆盛を極めた製鉄業でしたが、時代は移ろいます。鉄鋼業界の斜陽化により、釜石製鉄所の高炉を閉鎖するのに伴い、合理化の一環として野球部も1988年12月で休部。プロ野球を2試合開催し、山田さんが青春の汗を流した小佐野球場は1997年4月に解体され、45年の歴史に幕を閉じました。「最後のイベントには声を掛けてもらったけど、都合がつかなくてね。出席できなかったことは今でも心残りです」。山田さんが初めて釜石を訪れた時、汽車の車窓から見て驚愕した製鋼工場の高さ70メートルの3本の煙突も、今はありません。

球場跡地には老人介護施設が建設されました。その一角に、ホームベースを連想させる五角形の台座に「東北の暴れん坊」と刻まれた記念碑が建立されています。その碑には山田さんはもちろん、鉄の街の期待を背負って戦ったナインの名も記されていました。

（2019年6月28日）

調査協力：山田久志さん、釜石市立図書館
写真提供：釜石市

球跡20

京都にプロ野球チームがあった？

【立命館衣笠球場】

ＪＲ京都駅前を発車した路線バスの乗客の多くは、観光目的と思われる外国人でした。碁盤の目のように整った道を北進すること40分。ユネスコの世界遺産に登録されている鹿苑寺（通称金閣寺）の最寄りの停留所で下車。そこから15分ほど歩いた衣笠山の麓に、立命館大学の衣笠キャンパスがあります。

正門から１００メートル。学生たちが行き交うキャンパスの一角で、立命館史資料センター調査研究員の久保田謙次さんが足を止めました。「ホームベースがこの辺り。マウンドがあったのは建物があるところですね。金星時代のスタルヒン投手も投げているんですよ」。かつてここが、立命館衣笠球場（以下、衣笠球場）であったことを説明してくれました。

立命館大学の敷地内にあった立命館衣笠球場

木造20段の内野席があり、1万3000人の収容能力を誇った

右翼席後方からは「五山の送り火」で知られる大文字山が望めた

球場の開設は立命館が新制大学となった1948年の9月。大学が文部省に提出した事業報告書の中で、「市民や体育団体の施設としても活用したい」と一般開放に言及していたため、戦後の資材難の中、優先的配給により20段の木造スタンドほか、選手控室やシャワー室も完備し、収容人員は1万3000人。球場不足に頭を抱えていたプロ野球界にとって、申し分のない施設でした。

明けて1949年。兵庫県に居を構えていた大陽ロビンスが衣笠球場への進出を図ります。地元紙の京都新聞もこれを歓迎し、試合の興行権を獲得。2月21日付紙面では、1面に「京都ロビンス誕生」の特集記事を組むほどの熱の入れようでした。ロビンスはこの年、4月2日の阪急戦を皮切りに41試合を衣笠球場で開催。その戦績は16勝25敗でしたが、10月2日の大映戦では0対10の劣勢から11対10と大逆転し、ミラクル勝利。今もプロ野球記録として残る、最大得点差からの逆転勝ちでファンを沸かせました。

当時小学生だった小泉博さん（78）はロビンスのファンで、よく応援に駆けつけました。「試合の日は大変な人の混みようでしたよ。市電の、わら天神から球場までの道

現在の衣笠キャンパス（ホームベースがあった場所からマウンド方向を望む）

跡地の一部は中央広場になり学生たちが行き交う

は舗装されていなくて、すごい土埃でした」。1試合の平均入場者は約5000人。〝大家〟である立命館大学野球部が当時所属していた、関西六大学野球にも負けない人気を得たようにも見えました。

　翌年からプロ野球は二リーグに分立。大陽ロビンスは松竹との資本提携を経て「松竹ロビンス」と改名し、セ・リーグに加盟します。するとロビンスと京都との関係は曖昧なものになりました。新監督の小西得郎は京都市内に自宅を構え、球団も合宿所を下鴨に設けますが、肝心の衣笠球場での公式戦開催は4試合と激減。皮肉なことにロビンスはこの年、7割を超す高勝率でセ・リーグの初代優勝チームに輝きました。しかし、京都新聞は優勝翌日の紙面でさえ「松竹の優勝確定」という簡素な見出しに、200字ほどの記事と小西監督の胴上げ写真を掲載しただけ。パ・リーグの覇者・毎日との第1回日本シリーズが、衣笠球場で開催されることはありませんでした。

　1951年の開催は1試合だけ。そして1952年には所有者である立命館大学が防災上の理由により、学外の使用を禁止しました。これは1951年8月19日に中日球場（現ナゴヤ球場）において木造のスタンドが全焼、死傷者を出す惨事が発生し、球場の防火対策が強く求められたのです。プロ野球の現在に通じるフランチャイズ制の創設は1952年。当時の資料には「松竹＝京都衣笠」と記されたものもありますが、実態とはかい離した形式的な取り決めだったようです。こうして、大学の敷地内にあった野球場にプロ野球の球音が響いたのはわずか4年で、66試合でした。

球場は1967年に閉鎖。1969年にはバックネット裏スタンド付近に体育館が竣工され（現在は図書館）、跡地には学舎が順次建設されました。帰り際に久保田さんの案内で正門の一筋東の小道へ。道端に立つ電柱に張り付けられた、かまぼこ板ほどのプレートには「衣笠球場」と記されていました。球場の存在を示す〝証言者〟に、70年前の情景を思い浮かべました。

かつて衣笠球場があったことを示す電柱のプレート

（2019年7月26日）

調査協力：立命館 史資料センターオフィス
参考文献：「地方紙と業界紙から探る戦後京都のプロ野球興行」京都府立総合資料館紀要 第44号 抜刷
写真提供：立命館 史資料センターオフィス

球跡21

名審判が放った珠玉の一打

【浅間町営岩村田(いわむらた)球場】

日本有数の避暑地として知られる軽井沢から車で南西へ30分。長野県佐久市は浅間、蓼科(たてしな)、八ヶ岳などの美しい山々を一望できる景勝地です。その市街地にある岩村田小学校は開校１４０余年の伝統校で、現在校舎の改築工事が進められています。

「残念ですね。もう数カ月早く来校いただければ球場だったことを実感することができたのですが」。出迎えてくれたのは岩村田小学校の金井教頭です。解体中の体育館をのぞくと、むき出しになったコンクリートの一部にスタンドの形跡が。「体育館のギャラリー席は、野球場のバックネット裏スタンドをそのまま活用して造られたそうです」。１９７２年に小学校が移転し

1955年の浅間町営岩村田球場

改築前の岩村田小学校 校庭の外周が野球場を思い起こさせる

校内にある浅間運動場の建設記念碑

て来るまで、この場所には佐久市営（プロ野球開催時は浅間町営）の岩村田球場がありました。

校舎の一角に「浅間町営運動場」建設の記念碑があります。それによると１９４８年春に球場建設の構想が持ち上がり、６年後の１９５４年６月に開場。内野は1万人収容のスタンドを完備。ただし、外野フェンスと球場外周を取り囲む塀との間は僅かで、外野スタンドは無いに等しい構造でした。

プロ野球は１９５６、５７年の２年間に5試合を開催。計5本塁打が記録されました。１９５７年10月７日に行われた大映対南海戦では、南海の野村克也捕手が満塁本塁打。パ・リーグ最多となる６５７本塁打を記録した野村は生涯12本の満塁本塁打を放ちましたが、その２本目は岩村田球場で打ったものです。

試合では大映のルーキー・斎田忠利外野手もプロ入り2本目のアーチを放っています。斎田は法政大から入団し、2年目に近鉄へ移籍。6年間の現役生活で通算17本塁打を記録。プレーヤーよりも、パ・リーグ審判員としての知名度が高いことでしょう。１９７８年、阪急今井雄太郎がロッテ戦で達成した完全試合では球審を務め、１９８２年から１９８９年まで審

球場のネット裏スタンドは体育館のギャラリー席になった

改築工事が進む岩村田小学校

判部長を歴任。日本シリーズには13回出場しました。

その一打から60年以上の歳月が流れたが、覚えているのだろうか——。85歳になった斎田さんは元気に暮らしていました。プロ初本塁打は記憶にないと言います。私が「2本目は長野県の…」と話を振った瞬間、「岩村田でしょ」と返ってきました。「南海戦ですよね。久しぶりに会心の当たりで、打球が場外まで飛んだから覚えていますよ。走者が二人いたから3ランで、1点差に追いついたはず」。驚かされました。まるで手元にスコアブックがあるかのように、克明に述懐されたのです。しかも、「真ん中高目の真っ直ぐ。そこしか打てなかったから」と謙遜しつつ、球種とコースまで記憶をよみがえらせました。

試合は斎田さんの一打で大映が8回に1点差に迫るも、9回に野村が満塁本塁打を放ち南海が勝利しました。「野球場のことは記憶に残っていないけど、あの一打は忘れられないね」。23歳の秋。信州の澄んだ空に描いた放物線の感触は、今もその手に残っているようでした。

球場は開場から16年後の1970年に閉鎖。跡地は岩村田小学校として1972年11月に新校舎が完成しました。その際、校舎の設計を任されたレーモンド設計事務所が粋な計らいをします（同社は旧アメリカ大使館や、軽井沢聖パウロカトリック教会などのモダニズム建築を手掛けました）。冒頭のように、球場スタンドの一部を体育館の観客席としたほか、掘り下げられたダッグアウト（ベンチ）を地下通路にするなど既存施設を活用しました。

それだけではありません。センター後方にあったバックスクリーンは、校庭の南に「バックボード」として移設され、学校の教育目標が掲示されていました。高さ6メートル、幅11メートルの大きなボードは、50年近く児童の成長を見守り続けたのです。このように、野球場の建造物を教育施設に再利用したのは全国でも希少ではないでしょうか。

残念ながら改築工事により、球場ゆかりのスタンドやバックボードは撤去されました。それでも、詩人山室静（やまむろしずか）（１９０６年～２０００年）が１９５９年に作詞した校歌には「広い庭には 白いボールがとぶよ」の一節があり、児童の元気な歌声により〝白球〟は今も岩村田の街を飛び交っています。

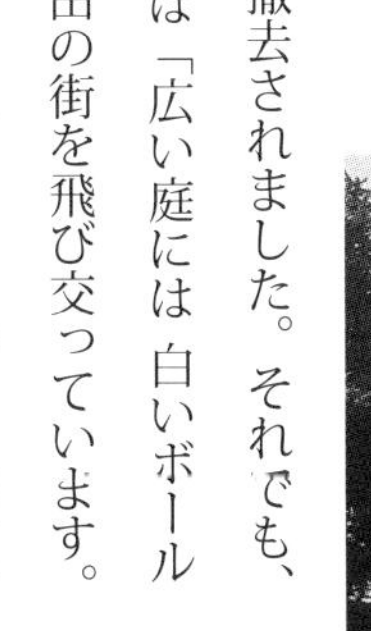

（２０１９年8月30日）

バックスクリーンは「バックボード」として活用された

調査協力：斎田忠利さん、佐久市立岩村田小学校
参考文献：「新しい命の火をともし」岩村田小学校分離記念誌

球跡22

プロ野球初のナイトゲームが行われた【横浜公園平和野球場】

カラフルなユニフォームをまとったベイスターズファンでにぎわう横浜スタジアム。愛着を込めて〝ハマスタ〟と呼ばれるこの地の球史は長く、明治時代にまでさかのぼります。

居留外国人のために横浜彼我(ひが)公園として1876年に竣工。公園の中央部には芝生が植えられ、クリケット場として使用されました。1896年5月23日には旧制第一高等学校と横浜クリケットクラブ(米国人チーム)による、我が国初の国際野球試合が行われました。

外国人居留地制度の廃止により1909年から公園は横浜市の管理下に置かれ、横浜公園と改称。1923年の関東大震災では球場を含む公園は甚大

解体3カ月前の横浜公園平和野球場(1977年1月撮影)

な被害を受けました。そこで震災からの復興事業の一環として、1929年にスタンドを完備した本格的野球専用グラウンドを再建。完成したのが横浜公園球場です。1934年にはベーブ・ルースを擁する全米チームが来日し、沢村栄治らを擁する全日本チームとの日米親善野球が開催されました。

プロ野球初のナイトゲームはここで行われました。終戦後、進駐軍に接収され「ルー・ゲーリックスタジアム」と改称していた1948年8月17日、巨人と中日が対戦。出場した人たちの中で、ナイトゲームを体験していたのは巨人の白石敏男、中島治康両選手と、審判の二出川延明、筒井修の四人だけ（いずれも1936年巨人渡米時）。他は全くの初体験です。この日、横浜市の日の入り時刻は午後7時29分。連盟は照明に慣れにくい薄暮の時間を避け、空が真っ暗になる午後8時8分まで試合開始を遅らすという気遣いを見せました。野球ファンにとってもナイトゲームは垂涎の一戦。球場には2万人の観衆が詰めかけ、主催者は入りきれないファンのために、グラウンド内に特設シートを作って収容しました。

しかし、照明設備といっても米軍の横浜駐留部隊員が余暇にベースボールを楽しむ

ルー・ゲーリックスタジアム時代の全景（1951年６月撮影）

進駐軍の兵士が多くつめかけた女子野球大会（1947年８月撮影）

1939年〜1967年の間に65試合の公式戦が行われた（1977年1月撮影）

横浜公園平和野球場時代のスコアボード（1977年1月撮影）

程度の照度で、薄暗いものでした。1回裏、巨人の青田昇は投球が見えにくかったのか、中日星田次郎投手の速球を顔面に受け死球退場するアクシデント。8回裏には巨人川上哲治の右越え二塁打で、一塁走者の小松原博喜が本塁をつきアウトとなったプレーを巡り、トラブルに。川上の打球はワンバウンドしてスタンドに入り、跳ね返った打球を中日の右翼手杉江文二が処理しましたが、照明が暗くて審判員は咄嗟に判定を下せなかったのです。試合は10分間中断。協議の結果、川上の打球はエンタイトル二塁打とし、小松原は三塁へ戻され試合再開となりました。

この試合に巨人の1番打者として出場した千葉茂二塁手は晩年、「夜間試合と言っていたが、ホンマ、夜間の試合や。ボールがまるで見えんのやから。とにかく暗かった。それでも珍しさでスタンドは超満員。川上の打球がエンタイトル二塁打かどうかでモメたが、暗いし、客は手を出すで、そりゃ分からんわな。外野手が打球を追ったら、ボールが3つも4つもあるので面食らったなんて笑い話もあったな。試合前の練習で拾い忘れたボールがいっぱいあったワケや」と回想しています。

選手たちはその暗さに困惑させられましたが、興行面では想定以上の集客に成功。各球場は二リーグ分立以降、続々とナイター設備を完備しました。

球場は1952年に接収が解除され返還されると、1955年の改修にともない「横浜公園平和野球場」と改称。市民から平和球場の名で親しまれました。1970年代になると老朽化が進み、市民から建て替えを望む声が上がりました。1972年には球場再建推進協議会が約18万6000人の署名を集め、球場再建陳述書を市長に提出。その後、曲折を経ながら1978年に横浜スタジアムが完成しました。ハマスタ誕生から42年。日本野球発祥の地は来年、五輪野球開催の球史を刻みます。

（2019年9月27日）

開場42年目を迎えた横浜スタジアム

1934年11月に横浜公園球場で行われた試合の入場券

参考文献：「私の愛した横浜野球史」花上喜代志
「おんりい・いえすたでぃ」週刊ベースボールONLINE（2015年9月7日）

写真提供：横浜市史資料室、野球チケット博物館

球跡23

40年間に渡り猛牛軍団の戦いの舞台

【日本生命球場】

大阪城を北に望み、ＪＲ大阪環状線の森ノ宮駅から徒歩5分。大阪のほぼ中央に位置しながら、下町的な雰囲気が漂う街に近鉄が準本拠地として使用した日生球場がありました。正式名称が「日本生命球場」だったことからわかる通り、日本生命保険相互会社が、所有する野球部の練習施設として１９５０年6月に完成させました。

当初は社会人野球や高校野球などアマチュア野球がメインに行われ、近鉄が準本拠地としたのは１９５８年から。当時、近鉄の本拠地藤井寺球場には照明設備がなく、ナイターは南海の本拠地である大阪球場を借りて開催していました。しかし、所有する南海の日程が優先され、使用料の負担も重荷だっ

1960年代、上空からの日生球場

跡地は商業施設となり、最上階はランニングコースになっている

商業施設からは大阪城を望むことができる

たことから、近鉄が費用全額を負担して日生球場にナイター照明を設置しました。

敷地の問題もありグラウンドは狭小。周辺が住宅街で拡張も思うように進まず、両翼まで90・4メートル、左中間、右中間は107メートル。ホームランの出やすい、投手泣かせの球場でした。その最大の〝被害者〟は、近鉄のエースとして活躍した鈴木啓示投手でしょう。NPB歴代4位の317勝を挙げた一方で、プロ野球最多560本の本塁打を浴びました。それに続く山田久志（阪急）の490本よりはるかに多く、ジェイミー・モイヤーが持つ522本の大リーグ記録も上回ります。560本塁打のうち日生球場では199本を許しました。しかし、恨み節はありません。「この560本が私の〝バネ〟であり〝糧〟やったね。打たれたからこそ、今度はやり返したると、常に反省して人一倍練習しましたよ。普通のピッチャーなら、これだけ打たれたら野球続けられへんでしょ。だから自分にとっては立派な勲章。『失敗こそ財産』と思っています」。

外野の膨らみが小さい上に、グラウンドは三塁からレフト方向にかけてわずかに下がっていました。投手に不利な条件が揃う中で、否応なしに低めに投げる投球を覚えた鈴木は、1968年8月8日の東映18回戦で日生球場初となるノーヒットノーランを達成。3年後の1971年9月9日には、西鉄を相手に2度目の快挙を成し遂げました。「いいことにいつまでも酔っているのはアマチュア。打たれた1球にいかに反応するかがプロ」。1540試合が行われた日生球場で、この偉業を達成したのは鈴木だけでした。

コンパクトな造りは、ファンにとってプロ野球を身近に感じられる環境でした。中京テレビ放送アナウンサーの佐藤啓さん（57）は、小学生の時に日生球場へ通いました。「ブルペンがファウルグラウンドにありました。近くまで行くと、ピッチャーの投げたボールから〝シュルシュルシュル〟と音がするんです。あっ、漫画に描いてあるのと同じだ！　と感動しましたよ。7回になると応援団の人が紙テープを餅まきのようにばら撒くんです。それを拾ってグラウンドに向かって投げました。スタンドはいつもガラガラだったけど楽しかったなぁ」。都心にありながら、大量のコウモリも飛んでいたという昭和のスタンドを懐かしみました。

1970年代のチケット。「みなし料金」の表示がユニーク

野球協約上は準本拠地でしたが、１９６３年の74試合を最多に１９８０年代前半まで毎年40試合以上を開催。１９８４年に藤井寺球場にナイター設備が完成するまで、実質的には本拠地でした。最後の公式戦は今も語り草となっている１９９６年５月９日の近鉄対ダイエー戦。王貞治監督就任２年目のダイエーは、開幕から苦戦を強いられ最下位に沈んでいました。この日も逆転負けを喫し４連敗。ゲーム後、乗り込もうとしたバスが包囲され、生卵が投げつけられるという〝事件〟が勃発。感傷に浸るどころか、強烈な幕切れとなりました。

球場は１９９７年12月に閉鎖。跡地は分譲マンションのモデルルームなどを経て、２０１５年４月に商業施設がオープンしました。周辺道路に敷かれた球場をモチーフにした舗装パネルの上を、多くの買い物客が行き交っています。

（２０１９年10月25日）

調査協力：佐藤啓さん
参考文献：球場物語「日生球場」東京プロ野球記者ＯＢクラブ
写真提供：野球殿堂博物館、野球チケット博物館

球跡24

「あの月に向かって打て！」の名言が生まれた【伊東スタジアム】

春、3月。相模灘の海はまぶしく、伊豆の山々は輝いていました。JR熱海駅からローカル線で伊豆半島の東海岸沿いを下ること30分。温暖な気候と温泉に誘われ、プロ、アマを問わず多くのチームが訪れた伊東スタジアムがあった最寄り駅の南伊東に到着しました。

駅裏の高台、火山の噴火口だったという場所に球場が完成したのは1952年でした。プロ野球公式戦は球場開きとなった5月18日の東急対大映戦を始め、4試合を開催。7月23日の大映対毎日戦では、大映の飯島滋弥選手がプロ野球10人目の通算100本塁打を記録しています。

三塁側スタンド裏に宿泊施設が完備されていたこともあり、キャンプ地

東映（現日本ハム）はここで18回春季キャンプを行った
© ベースボール・マガジン社

として重宝されました。日本ハムの前身東映は球団を保有していた19シーズン（1954〜1972年）のうち、1957年以外の18年間はここで春季キャンプを張りました。また、1979年に巨人が行った球界史上初の秋季キャンプは「地獄の伊東キャンプ」として、今に語り継がれています。

シーズン5位に沈み、2年連続ペナントを逃したチームの立て直しを期す巨人長嶋茂雄監督の意向で、「V9」をほぼ経験していない18人の若手、中堅選手が徹底的に鍛え上げられました。当時の新聞には、朝8時10分の散歩から夜10時終了のミーティングまでのスケジュールが〝地獄のメニュー〟の題字とともに記されています。

巨人の「地獄の伊東キャンプ」も行われた伊東スタジアム

最寄り駅の伊豆急行南伊東駅。ここから徒歩7分の場所に球場があった

中でも標高320メートルの馬場の平で行われた投手陣の走り込みはハードなものでした。オートバイのモトクロス場として造られた一周800メートルコースは、起伏の激しいデコボコ道。しかもゴール直前の80メートルは、傾斜角度が30度はあろうかという急勾配。ここを1周毎にタイムを計測され10周。これを投げ込みと強化トレーニングを終えた後に行ったので、

まさに血ヘドを吐く壮絶さだったようです。この時のメンバー江川卓、西本聖(たかし)、中畑清、篠塚利夫らは後に主力へと成長。巨人はその後の10年間全てAクラスに入り、4度のリーグ制覇を果たしました。

「あの月に向かって打て！」。球史に残る名言とされ、一人の野球選手を開花させたとされる言葉はこの球場で生まれました。

東映がキャンプを張っていた1967年2月。この年から打撃コーチに就任した飯島滋弥が、入団3年目、まだ粗削りだった大杉勝男選手にかけたセリフでした。飯島はまず、街の電気屋を呼んでバックネットに裸電球を取り付けさせました。ナイター設備のないグラウンドで、夜間も選手に素振りをさせる工夫でした。そして夜間練習では、バットスイングの時に脇が開かないよう荒縄で大杉の上体と両腕を肘のあたりで縛り付けると、「あの月に向かって打て！」と伊豆の空に浮かぶ月を指させたそうです。

打撃フォームを小さく固めず、伸び伸びと豪快にバットを振れという意味でした。この光景を近くで見ていたのは1957年に球場支配人となり、毎年キャンプの世話をしていた前島優さんです。昨年83歳で逝去されましたが、生前前島さんはその時の光景と耳にした奇妙なセリフを新聞のインタビューで語っています。

跡地に建てられた伊東市民病院

入団年は1本塁打、2年目は8本塁打だった大杉はこの年、27本塁打とホームラン打者としての才能を開花させました。19年間ではＮＰＢ歴代9位の４８６本塁打。豪快なアッパースイングの礎は、冬の冷え込みが厳しくなく、月明かりの下でも夜間練習が出来た伊東スタジアムで築かれたのです。

スタジアムは後年、老朽化が激しく１９９０年代前半で使用を中止。２００４年に隣接のホテルと共に取り壊されました。跡地は市が運営する老人施設を経て、２０１３年に伊東市民病院が開院。伊豆半島の中核病院として、地域医療を支える拠点となっています。

（２０１９年11月22日）

調査協力：伊東市立伊東図書館、伊東市民病院
参考文献：朝日新聞 be on Saturday（２００３年4月26日）
写真提供：伊東市野球連盟、ベースボール・マガジン社

球跡25

沢村栄治が投げ ベーブ・ルースが打った日米野球の舞台

【宇都宮常設球場】

栃木県宇都宮市の郊外にある市立宮の原小学校。今年創立50周年を迎えた同小学校の正門脇に、直径35センチの大谷石（おおやいし）製の野球ボールが乗った顕彰碑が建てられています。かつてこの地には日米野球も行われた宇都宮常設球場がありました。

「隣の群馬には野球場がある。栃木にも負けないものを造ろう」。宇都宮野球協会会長の小野春吉さんが仲間に呼びかけ、多額の借金をして球場を完成させたのは1932年。内外野のフェンスはもちろん、収容人員2万人を誇ったスタンドも地元特産の大谷石で造られ、当時としては全国屈指の野球場でした。

田園の中にあった宇都宮常設球場（1947年撮影）

写真提供：宇都宮市立宮の原小学校

地元特産の大谷石で作られた顕彰碑

小野さんが目を細め、球場がにぎわったのは完成2年後の1934年。ベーブ・ルース、ルー・ゲーリック、ジミー・フォックスらのホームラン王を擁し、「史上最強」と言われた全米打撃陣と、沢村栄治（京都商）、スタルヒン（旭川中）ら中等野球で豪速球投手として鳴らした選手で編成した全日本が戦った日米野球。その最終戦が行われました。

師走を迎えた12月1日。最低気温が氷点下3度と冷え込んだにも関わらず、球場には夜明け前の午前6時ごろから人だかりができ、試合開始の午後2時には2万人の観衆で膨れあがりました。〝日光おろし〟の冷たい北風が吹きすさぶ中、外野席にはスタンドの芝に火をつけ、たき火をしながら観戦する猛者もいたようです。

ここまで15戦全敗の全日本が一矢（いっし）を報いるか、注目の一戦。しかし、読売新聞栃木県版には「全米チームは昼食でアルコールも口にするなど、余裕しゃくしゃく。昼食を終えたルースは、日米の国旗を振る芸者衆を見て大喜び。5円紙幣や50銭銀貨をわしづかみにして、スタンドに放り投げた」とあります。ベンチには暖を取るための火鉢も用意されていましたが、ここでビールを熱燗にして茶わんで一気に飲み干した選手もいたとか。この余裕があだとなり、1回表、堀尾文人選手の飛球を酔っぱらった外野手が落球。全日本は3点を先取し、初勝利に期待が高まりました。

全日本の先発は静岡草薙球場の第10戦で、8回1失点の快投を演じた沢村でした。しかし、ドロップの投げ過ぎでヒジを痛め、この日は球威がなく制球も定まりません。5三振は奪ったものの、与四球9、3本塁打を浴び9失点と散々な内容で4回降板。リリーフした青柴憲一投手（立命館大）も打ち込まれ、5対14と大敗。戦績は16戦全敗。日米の力の差をまざまざと見せつけられました。

「我が国の野球発展のためには、職業野球団を作るしかない」。そんな論調が高まりました。この時戦った全日本チームが母体となり「大日本東京野球倶楽部」（読売巨人軍の前身）が結成されたのは、宇都宮常設球場での敗戦からわずか25日後の12月26日でした。

球場はその後、宇都宮市が野球協会から買い上げて市営になります。戦時中は高射砲陣地や、食糧増産で畑として転用され、戦後はアマチュア野球や市民体育祭など幅広く利用されました。１９６０年12月に閉場すると、10年後の１９７０年４月に宮の原小学校が開校。冒頭の顕彰碑は、球場の歴史を後世に語り継ごうという話が持ち上がり、宇都宮市の野球協会とスポーツ振興課が協力して

写真提供：国際総合企画株式会社

ギネスに認定された「人文字で作ったバットとボール」

創立50周年を迎えた宮の原小学校

2004年春に設置されました。
伝説の一戦から85年。開校50周年の節目にあたる今秋、この地が久々に注目を集めました。野球との深い縁にちなみ、バットとボールの人文字でギネス世界記録に挑戦したのです。宮の原小学校の児童や職員のほか、地域住民にも呼びかけて662人が参加。ギネス側が設定した500人を大きく上回り、世界初の「人文字でバットとボールの形を作り出した最多人数」に認定されました。
日本にプロ野球が根付き、日本人選手が海を渡りメジャーリーグで活躍しています。沢村とベーブ・ルースが対戦した85年前、そんな姿が想像できたでしょうか…。校門脇の顕彰碑を眺めながら、思いを巡らせました。

（2019年12月6日）

調査協力：宇都宮市立宮の原小学校、宇都宮市野球協会、宇都宮市立南図書館
参考文献：読売新聞栃木県版「栃木讀賣（よみうり）」（1934年12月2日）、読売新聞「浪漫探県隊・日米野球」（2005年1月1、3、4、5日）、産経デジタル（2019年10月8日）
写真提供：宇都宮市立宮の原小学校、宇都宮市野球協会、国際総合企画株式会社

球跡26

阪急が産声を上げた温泉地の野球場

【宝塚球場】

「歌劇と温泉のまち」として知られる兵庫県宝塚市。阪急宝塚線の終点宝塚駅で下車し、宝塚大劇場を通り過ぎ歩くこと15分。２００８年4月に開校した関西学院初等部の校庭には、子どもたちの元気な声がこだましていました。かつてこの地には、大阪阪急野球協会（阪急）が産声を上げた宝塚球場がありました。

開場はプロ野球が幕を開ける１９３６年からさかのぼること14年。１９２２年6月でした。阪神急行電鉄（現阪急阪神ホールディングス）は宝塚線を全線開業後、宝塚市を観光地にしようと宝塚新温泉を設け、そこにパラダイス、少女歌劇団（現宝塚歌劇団）、遊園地、動植物園などを建設。そ

プロ野球初の柵越え本塁打が記録された宝塚球場

大学野球の対抗戦では満員の観衆で埋まった

バックネット裏にはクラブハウスが併設されていた

の隣接地にテニスコート、陸上競技場なども併設したスポーツセンターとして野球場をオープンしました。内野席にはコンクリート階段のスタンドが設置されていましたが、外野にフェンスはなく、高さ50センチほどの柵が設けられただけの質素な造りでした。

１９３６年１月に日本職業野球連盟に加盟登録した阪急は、ここを活動の拠点とします。球団結成披露としての初試合を３月20日に金鯱(きんこ)軍(ぐん)相手に行いました。残念ながら１対７で敗れ、初試合を勝利で飾ることはできませんでしたが、続く第２戦は北井正雄投手の好投で４対２と雪辱。のちに阪急ブレーブスとして、パ・リーグ初の４連覇を成し遂げる勇者の歴史はここに始まったのです。

プロ野球史上初の柵越え本塁打は宝塚球場で刻まれました。１９３６年５月22日の阪急対大東京戦の初回、阪急の４番山下実外野手が桜井七之助投手から流し打ちした打球はレフトの柵を越える２点本塁打。そこまでの21試合で本塁打は２本出ていましたが、どちらもランニング本塁打。山下の一打はプロ野球通算１７４８打席目に飛び出した待望の一発でした。高校時代は春夏の甲子園大会で３本塁打を放ち、慶應大に進んだ東京六大学でも6本塁打。「和製ベーブ・ルース」とも呼ばれ阪急の草創期に活躍した強打のスラッガーは、この一打も評価され1987年に野球殿堂入りを果たしました。

跡地に開校した関西学院初等部

時代を反映したかのようにタワーマンションがそびえる

この年の終盤、10月24日のタイガース対大東京戦では、タイガースが13盗塁、大東京が5盗塁を決め、両チーム計18盗塁の1試合最多盗塁記録が作られました。もちろんこの記録は今でも破られておらず、これに続くのが12盗塁（計5回）とそれに迫る記録さえ生まれていません。この試合、タイガースは大東京の捕手筒井良武相手に3回までに4盗塁を決めます。これはまずいと思ったのか、大東京は4回から兼任監督を務める伊藤勝三（かつぞう）が自らマスクをかぶりました。伊藤は当時としては高齢の28歳で入団し、新聞では「既に肩はボロボロ。監督に専念すべき」と選手としての能力は疑問視されていました。タイガースはそれを見抜いたかのように伊藤からも容赦なく9盗塁を決め、計13盗塁。こちらもチームの1試合最多盗塁記録として今も残ります。

記念すべきプロ野球初の柵越え本塁打に、両チーム計18盗塁という怪記録も生まれた宝塚球場でしたが、プロ野球開催は１９３６年だけでわずか13試合でした。阪急が１９３７年に西宮北口に西宮球場をオープンさせたこともあり、その座を明け渡したのです。その後の一時期は、宝塚映画製作所の撮影所にもなりました。戦後は「宝塚ファミリーランド」として整備され、長い期間遊園地になっていたので関西の人には懐かしいことでしょう。

ファミリーランド廃止後は更地として売却され、冒頭の小学校が開校しました。その隣には時代を反映したかのように、高層のタワーマンションがそびえています。

（２０２０年1月17日）

写真提供：野球殿堂博物館、野球チケット博物館

1936、37年に宝塚球場で行われた試合のチケット

球跡27

被爆から5年 市民に夢を与えた舞台

【長崎商業グラウンド】

東洋と西洋が出会いと融合を重ねた歴史息づく街、長崎県長崎市。この地で初めてプロ野球公式戦が行われたのは二リーグに分立した1950年。被爆から5年後のことでした。

JR長崎駅前から路面電車で12分。2000年のオールスターゲーム第3戦も開催されたビッグNスタジアムの最寄り駅「大橋」で下車。近くにある県立総合体育館が建つ場所には1986年まで市立長崎商業があり、その校庭で開催されました。

復興が進んだ市街地に新緑が映える6月1日。セ・リーグの西日本と大洋が対戦しました。ともにリーグ分立を機に誕生の新興球団にもかかわら

1955年の長崎商業グラウンド。スタンドは土盛りで造られている

ず、県下初の公式戦とあり大にぎわい。試合開始は午後5時でしたが、7時間前の午前10時からファンが入場の列を成し、2時間前に会場は超満員。「満場歓声、拍手の嵐」。主催した地元新聞社は大きな見出しと記事、そして4枚の写真で翌日の1面を埋めています。巨人在籍時に〝塀ぎわの魔術師〟と呼ばれた大洋の外野手平山菊二の華麗な守備に、のちに西鉄ライオンズ黄金期を支えた西日本の関口清治選手の豪快な本塁打に、ファンは酔いしれました。湧き上がる歓声と、こだまする球音は平和を象徴する調べでした。

長崎とプロ野球は戦前から縁がありました。巨人軍の初代代表を務めた市岡忠男（1962年野球殿堂入り）は市内の勝山小学校（1997年に閉校）出身で、郷土への親しみからたびたびオープン戦を開催。公式戦がスタートする前年の1935年10月8日には、アメリカ帰りの巨人と地元社会人野球チーム・全三菱の試合も行われています。巨人には長崎商業出身の内堀保捕手も在籍。映画の入場料が25銭の時代、前売り内野席が90銭でしたが、瞬く間に完売と人気は絶大

被爆から１年後、1946年の長崎商業。新校舎は1948年に再建される

跡地に建つ長崎県立総合体育館

でした。

当時市内には公設球場がなく、会場はいつも今の長崎電鉄「原爆資料館」電停近くにあった三菱重工所有の野球場でした。爆心地に程近いこの場所は原子爆弾の投下により壊滅的被害を受けました。戦後の一時期は米軍に占領されていたこともあり、復旧が遅れます。

そこでプロ野球開催時に白羽の矢が立ったのが長崎商業のグラウンドでした。

序章は高校野球でした。「青少年に野球で希望を与えよう」と、県高野連は終戦から3年後の1948年春に九州大会を誘致。生徒、教職員総出で球場造りに勤しみました。内野スタンドは土を盛り固ため、外野フェンスは木製の板を並べました。極め付きはバックネット。三菱重工が戦時中、米海軍の潜水艦の侵入を防ぐために長崎港に張った金網を再利用しました。

公式戦開催時は長崎商業野球部の1年生で、後に阪神、東映などで活躍した河津憲一さんは「とてもグラウンドとは呼べないほど石ころばかり。暇さえあれば石を拾っていた」と言い、同期の渡部稔さんも「フェンスにボールが当たっても跳ね返らない。球を外に逃さないだけの柵だったよ」と懐かしみます。お世辞にも好環境とは言えませんでしたが、戦前からプロ野球に親しみ、戦後初の開催を

学校の記念碑と被爆の歴史を伝える銘板が設置されている

渇望していた市民にとっては、十分すぎる夢舞台でした。

開催翌年の1951年4月、いまビッグNスタジアムが建つ場所に市営の大橋野球場が完成。したがって、校庭での公式戦開催は1試合だけでした。長崎商業は1986年春に市郊外の泉町へ移転。跡地に建つ県立総合体育館のそばには、同校の記念碑と被爆の歴史を伝える銘板が設置されています。

（2020年2月21日）

調査協力：長崎市立長崎商業高校、長崎県立総合体育館
参考文献：読売新聞「追憶の舞台」（2009年4月9日）、長崎日日新聞（1950年6月2日）、「激動を伝えて一世紀」長崎新聞社
写真提供：長崎市立長崎商業高校

球跡28

東大寺大仏殿と南大門を望む野球場

【奈良春日野球場】

弥生三月。古都・奈良に春を運ぶと言われる、東大寺二月堂の「お水取り」の様子を伝えるニュースを目にしました。奈良時代から連綿と継続され、今年で１２６９回目を数えるそうです。その東大寺がある一角に春日野園地という芝生が敷かれた公園があり、シカが観光客と遊んでいます。かつてここには南北に長い春日野運動場があり、その中に春日野球場は造られました。

その歴史は古く、運動場が開場したのは明治時代の１９１０年。平城遷都１２００年を記念して造られました。野球場は3年後の１９１３年9月、運動場の南側にできました（後年、北側にも造り2面に）。東大寺に隣接し、

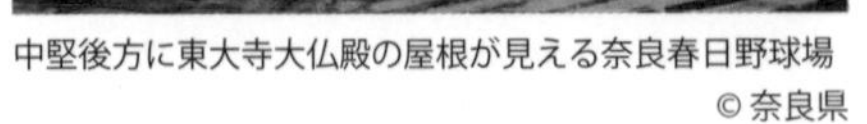

中堅後方に東大寺大仏殿の屋根が見える奈良春日野球場

© 奈良県

球跡 28

奈良春日野球場

上空からの運動場 二面造られた野球場の下側でプロ野球を開催した

1949年に奈良県初の公式戦が行われた

中堅後方に大仏殿屋根の鴟尾が金色に輝き、左中間後方には我が国最大の山門である高さ25・46メートルの南大門がそびえていました。左翼から中堅にかけては松並木もあり、プロ野球開催時に球場の下見に来た二出川延明審判員が「環境においては日本一の球場」と評した言葉も残ります。

奈良県下で初となるプロ野球公式戦が開催されたのは一リーグ時代の１９４９年11月7日、阪神対東急18回戦でした。

この年、阪神の藤村富美男内野手と別当薫外野手は熾烈な本塁打王争いを繰り広げていました。残り11試合となった試合前の時点で藤村40本、別当39本とわずか1本差。そんな中、この球場で貴重な一発を放ったのはリードする藤村でした。６回裏、東急の黒尾重明投手から左中間の松林に消えていく場外アーチは、スコアカードに飛距離「４００フィート（１２２メートル）」と記された特大弾。別当に2本差を付けました。

藤村は後に「春日野のとき、別当君〝ガクン〟ときよったですね。それはバッターボックスの構えでもわかりました」

と『戦後プロ野球発掘』（恒文社）の中で語っています。その言葉を裏付けるように、別当のバットは翌日から沈黙。25打席連続ノーヒットを記録するなど打率・１５９と奮わず、本塁打は０。対照的に春日野球場の一打でキングへの手応えをつかんだ藤村は、翌日滋賀の試合で２本塁打。最終的には46本塁打まで記録を伸ばし、別当に7本差を付け一リーグ時代最後となる本塁打王を獲得しました。

入団後の８シーズンでわずか23本塁打だった藤村ですが、この年から導入された「ラビットボール」と呼ばれる〝飛ぶボール〟の恩恵も受け、スラッガーへと変貌を遂げました。翌１９５０年は39本塁打。１９４９年暮れの二リーグ分立で別当を始めとし主力選手の多くが毎日に移籍したこともあり、残留した藤村はファンの心もつかみ「ミスター・タイガース」と呼ばれるようになりました。振り返れば、別当に引導を渡したここ春日野球場での一撃が、大きなターニングポイントでした。

野球場を含む春日野運動場は昭和の終わり頃まで使用されていましたが、１９８８年の「なら・シ

©奈良県提供
1950年代には中日が春季キャンプを張った

藤村富美男の特大アーチが飛び込んだ先にある東大寺南大門

跡地は春日野園地として芝生広場になっている

ルクロード博覧会春日野会場」となるのを機に閉場しました。博覧会後に再び整地され、冒頭の春日野園地となり観光客憩いの場となっています。

ところで奈良県での一軍公式戦は、1958年4月5日に奈良市営鴻ノ池球場で近鉄対大毎の開幕戦が行われて以降、62年間も開催されていません。これは三重県の48年を上回り、最も長いブランク記録です。京セラドームや甲子園球場もそう遠くない地理的要素が、長期間未開催の要因になっているのでしょうか。県立橿原（かしはら）公苑野球場（佐藤薬品スタジアム）では毎年ウエスタン・リーグ公式戦が行われ、過去に一軍戦を4試合開催の実績もあります。奈良県のプロ野球ファンの人たちが、地元の球場で一軍公式戦を見られる機会が来ることを願っています。

（2020年3月19日）

調査協力：奈良県
参考文献：スポーツニッポン「内田雅也が行く 猛虎の地（7）」（2019年12月7日）
写真提供：奈良県

球跡29

近鉄パールス 幻の準専用球場

【富洲原(とみすはら)球場】

三重県の北部、四日市市と桑名市の間に三重郡川越町があります。西に鈴鹿山脈、東に伊勢湾を望む人口1万5000人余りの小さな街に、球団発足直後の近鉄パールスが進出を目論んだ富洲原球場がありました。

近鉄名古屋線の川越富洲原駅から徒歩10分。国道1号線沿いの今はショッピング施設としてにぎわう場所に、第二次世界大戦期まで漁網の生産高日本一を誇った平田漁網製造（のちに平田紡績）株式会社の川越工場がありました。1947年4月、その工場敷地の一部を借用して野球場を造ったのはプロ野球参入前の近鉄でした。この時代、多くの鉄道事業者は自社沿線に球場を整備し、選手や観客を輸送することで運賃収入の増大を図ったのです。

1950年、上空からの富洲原球場

プロ野球初開催は一リーグ最後の1949年でした。中日が大陽、阪神、大映を同行し3試合を開催。中でも5月28日に行われた人気球団阪神との一戦には、収容人員8100人の球場に1万2000人が詰めかけました。しかも、当時としては珍しく両チームで6本塁打が飛び交う打撃戦となり、7対7と同点の9回裏に中日の主砲西沢道夫が劇的なサヨナラ2ラン本塁打を放つ好ゲームでした。

その年の晩秋、近鉄はプロ野球進出を決めパ・リーグに加盟します。球団事務所を大阪上本町（うえほんまち）に構え、専用球場は藤井寺としました。パ・リーグ初年度の1950年は120試合制で、各チーム60試合を主催。当時はまだ今につながるフランチャイズ制度がなく、近鉄は藤井寺を専用球場としたものの開催は17試合でした。その代わり、自社沿線の奈良県の美吉野（みよしの）、春日野、三重県の宇治山田、松阪などを行脚し、ファン獲得とともに鉄道利用の増加を期待したのです。

中でも富洲原では4試合を開催し

近鉄名古屋線の「川越富洲原」駅。ここから徒歩10分の場所に富洲原球場があった

跡地はショッピング施設となり、買い物客でにぎわっている

ました。近鉄の中核路線である名古屋線の沿線にある球場が、藤井寺に次ぐ位置付けになれば、との思惑は想像に難くありません。しかし、現実は厳しいものでした。集客は初開催の4月12日南海戦での3800人が最多で、以降3200人、2600人と減少し、10月6日の西鉄戦はわずか700人。4試合を足しても1万人がやっと。前年の中日対阪神戦の観客にさえ及びませんでした。

近鉄本社が1950年秋に発行した社内誌に富洲原球場のことが記されています。「野球熱は今後も益々盛んではあるが、現在の球場ではプロ野球を開催するには狭く、1万5000人から2万人収容の設備も必要である」とハード面の問題を指摘。航空写真でもわかる通り、グラウンドの左中間と右中間には膨らみが全くなく、ほぼ正方形の造りだったのです。続けて「拡張は国道と工場に挟まれている関係上、至難と考えられるので、別の沿線に建設するのが理想である」と厳しい文言が並びました。結局、近鉄が富洲原で公式戦を行ったのはこの年限りで、目論んでいた準専用球場化は立ち消えました。

それでも当時、三重県北勢地域でスタンドを備えた球場はここだけでした。元高校球児で、卒業後は平田紡績の人事課に勤務し富洲原球場の貸し出し管理も行っていた川村泰夫さん(90)は「選手はみんな富洲原で試合をやりたがっていましたね。抽選会でここを引き当てると大喜びでした」と回想。

球場があった場所のすぐ横を通る国道1号線

プロ野球の舞台としては物足りなくとも、地元の球児たちにとっては憧れの地だったのです。高校野球の地区予選のほか、自社の実業団野球チームの練習場としても活用されましたが、1971年に球場は閉鎖されます。その後はボーリング場としてにぎわいましたが、運営していた平田紡績の工場敷地売却に伴いこれも閉鎖。跡地は紆余曲折を経て、ショッピング施設となり、地域住民が集っています。すぐ脇にある国道1号線は幹線道路として途切れることなく車が行き交い、かつてこの場所に球場があったことなど想像もできません。

（2020年4月27日）

調査協力：川村泰夫さん、川越町あいあいセンター図書室、近畿日本鉄道株式会社 広報部

球跡30

広島カープ揺らん期を見つめた河川敷の桜【三次市営球場】

球団創立70周年を迎えた広島カープ。本拠地マツダスタジアムはボールパークと呼ぶに相応しい雰囲気を醸し出し、昨年度も200万人を超す観客を集めにぎわいました。しかし、創立当初は開催球場を確保するのにも苦心し、民間企業の敷地内にあるグラウンドや高校の校庭を借りました。極め付きは河川敷に造られたグラウンドでも試合を行っています。

広島県北部に位置する三次市は、標高150～250メートルに広がる盆地の地形を生かしたブドウ栽培が盛んな街です。JR三次駅から北へ15分ほど歩くと、市内を東西に流れる馬洗川の河川敷に広がる十日市親水公園に着きます。かつてここに、日本で唯一の〝河川敷でのプロ野球〟が

日本で唯一「河川敷でのプロ野球」が開催された三次市営球場

400勝左腕金田正一投手はここでも勝ち星を挙げている

三塁側スタンドは往時の形で残されている

行われた三次市営球場（１９５３年までは十日市町営グラウンド）がありました。

十日市野球協会らの勤労奉仕により河川敷の整備が始まったのは１９４９年。堤防の土手にコンクリートで客席を造り、バックネットも設置して球場が完成したのは１９５１年でした。しかし、プロ野球初開催は完成前の１９５０年６月７日で、大洋対広島戦を行っています。三塁側の土手はまだ土盛りで、バックネットは竹竿に網を吊るしただけの代用品でした。この時の主催は広島ではなく、山口県下関市に球団を構えていた大洋。正捕手を務める門前真佐人が現在の三次市出身で、地元ファンの集客を見込んでの興行でした。

平日の昼間にも関わらずスタンド、いや河川敷の土手に1万人の観衆が詰めかけました。広島に2点を先取され迎えた2回裏、大洋の門前が期待に応えます。広島の先発長谷川良平からレフトへ同点の2点本塁打を放ち、ファンの喝采を浴びました。しかし、門前が注目を集めたのはここまでで、その後の主役は広島打線でした。3回に阪田清春の3ランなどで6点を挙げると、5回には樋笠（ひがさ）一夫の8号本塁打などで4点。この回で早くも全員安打の15安打を記録すると、7回は2死後に1四球を挟み8連打のつるべ打ちで一挙10点。結局、先発全員得点、全員安打、全員打点をマークし22対2と圧勝しました。ゲーム28安打は今もセ・リーグ記録（同年10月17日に大洋も28安打のタイ）で、22得点もチーム最多記録として残ります。

ほとんどがプロ野球初観戦だった観客に、その醍醐味を示すには十分の内容でした。地元出身の門前捕手が目当てだったファンの心にも、広島カープが刻まれたことでしょう。1951年に施設が整うと、広島は1952年〜57年の間に13試合を主催。堤防から少し路地を入ったところに今も暮らす新佛隆男さん（91）は、何度か球場に足を運びました。「河川敷と言っても内野スタンドにスコアボード、外野フェンスもあり、それなりに整っていましたよ。何より春は三塁側の土手の桜が咲いて、とても綺麗でした」。70年近く前の情景を思い浮かべます。

球団はこの「桜」に目を付けました。堤防沿いに咲く桜を愛でながらの野球観戦――。河川敷のメ

満開に咲き誇った堤防沿いの桜並木

跡地はサッカー場や軟式野球グラウンドとして利用されている

リットを最大限生かすべく、主催試合開催2年目の1953年以降、必ず1試合は4月にゲームを組んだのです。

1959年まで球団代表を務めた河口豪(とし)は、著書『カープ風雪十一年』で「三次球場の三塁側内野席は桜花の下にしつらえてある。桜堤の下をそのまま観覧席にしているわけだ。ファンは一升瓶をかかえ、グビリ、グビリ(チビリ、チビリにあらず)とやりながら、野球見物。カープがヒットを放ち、得点にでもなろうものなら大騒ぎ、ヤンヤの喝采だが、茶碗酒がそのまま祝杯となっていく。桜花、一片二片ヒラヒラと、茶碗の中に舞い入る風情はまたひとしおである。両手に花とは、三次球場のためにある言葉のようだ。」と記しています。1954年4月20日の中日戦は10点を挙げての大勝。さぞスタンドは盛り上がったことでしょう。

国鉄時代の金田正一投手も、このマウンドに立っています。1957年4月6日の広島戦に先発すると、被安打3、12奪三振の快投で2失点完投勝利。永久不滅の400勝の中には、河川敷球場で挙げた1勝も含まれているのです。この年の7月、広島市内に待望のナイター設備を完備した市民球場が完成。するとカープの地方での主催試合は激減し、河川敷でのプロ野球もこれが最後となりました。

三次市は度重なる洪水被害に見舞われて来ましたが、中でも1972年の「7月豪雨」では馬洗川の堤防が溢水(いっすい)破堤し、死者22名、床上浸水3464戸と甚大な被害が出ました。その後、堤防修復工事にあたり野球場の移転が計画され、1979年に市内西酒屋町に新球場が完成。旧球場は廃止され、跡地はサッカー場や軟式野球のグラウンドに整備されました。
昨年春、桜の季節に訪れました。土手に造られた三塁側スタンドは往時の形で残され、堤防沿いの桜並木もちょうど満開を迎えていました。毎年、三次の野球ファンは中国山地の山間にやって来る、ちょっと遅い春とカープを楽しみにしていたことでしょう。
先人たちが苦境の中でも紡いできたプロ野球の灯。今年、再び球音が響くことを願っています。

（2020年5月21日）

調査協力：新佛隆男さん、三次市役所
参考文献：「カープ風雪十一年」河口豪
写真提供：三次市役所

球跡31

「都の西北」に刻まれたプロ野球の歴史【戸塚球場】

目にも鮮やかな青葉に囲まれ、二つの胸像が大学キャンパスの一角にたたずんでいます。そのかたわらにある碑は「ここにかつて野球場があった」の書き出しで始まっていました。東京都新宿区西早稲田。1882年に創立され、140年近い歴史を誇る早稲田大学。今は総合学術情報センターとして中央図書館が建つ場所は、昭和が終わりを告げようとしていた1987年の初冬まで野球場だったのです。

1901年に創部された野球部の専用球場として1902年秋に建設され、その地名から戸塚球場と命名されました。当初は観客席もない簡素な造りでしたが、慶應、明治を交えた3大学でのリーグ戦が始まると、

1933年に夜間照明が完成し、日本初のナイターが行われた戸塚球場

1925年に1万人収容のスタンドが設置され本格的な球場になりました。

1936年に産声を上げたプロ野球の、関東における球史はここから刻まれました。7球団で結成され、巨人、大東京、東京セネタースの3球団は東京に拠点を構えましたが、どこも自前の球場を持ち合わせません。学生野球のメッカ神宮球場は借りられず、後楽園球場は着工に至っていません。そこで、元早大野球部監督で連盟理事長を務める市岡忠男が、早稲田大学総長の田中穂積に球場の借用を懇願。この時、早大野球部が第6回米国遠征中で不在の幸運にも恵まれ「連盟結成記念 全日本野球選手権試合」の戸塚開催が実現したのです。

試合は早稲田大学「二軍」と「新人」の間で行われ、11対2で二軍が勝利した

東京で初のプロ野球公式戦が行われた戸塚球場（1936年7月撮影）

最高気温24・4度。仲夏を迎えた7月1日、都の西北に関東初見参の7球団が勢揃いしました。中でも春先に米国遠征に出かけ、4月から甲子園、鳴海、宝塚で開催されたリーグ戦に不参加の巨人は初の公式戦でした。1日に行われた名古屋（現中日）戦はエース沢村栄治が3回途中5失点とKOされ、8対9と惜敗。3日の敗者復活戦で大東

京相手に、打線が13安打の猛攻。投げては畑福俊英が6回1失点、７回以降はスタルヒンが抑え、10対1で快勝。記念の初勝利を挙げました。以来、２０１９年までに積み重ねた白星は５９９９。プロ野球初の６０００勝に王手をかける巨人の歴史は、戸塚球場から始まっているのです。

東京で初のプロ野球興行は盛況でした。７日までの1週間に9試合を行い、有料入場者は3万６９３４人。５日の準決勝は定員を上回る1万１０１５人の入場者で埋まり、入り切れない観客が数千人いたようです。ダフ屋が出て、入場券は数倍の値段で取り引きされ、近所の住民は「いまどき早慶戦があるんですか」と、時代の華で人気絶頂の東京六大学野球と混同したそうです。

草創期のプロ野球の特徴であった「試合テンポの速さ」も受け入れられたのでしょう。「ツーアウトでフライが上がったら、捕球する選手以外は全員ベンチに引き揚げた」「試合が始まって下を向いた観客が顔を上げたら、もうツーアウトだった」など、エピソードが残されています。名古屋対東京

総合学術情報センターの一角に、二つの胸像と記念碑が建立されている

球場脇の道路は、練習に励む選手の声が響いて来ることから「グランド坂」と呼ばれた

セネタースの決勝戦の試合時間は1時間25分。スローテンポな大学野球を見慣れたファンに、衝撃を与えました。

ＪＯＡＫ（現ＮＨＫラジオ）によるプロ野球初の実況中継も行われました。それまでの放送は東京六大学野球、中等学校の甲子園大会、社会人の都市対抗野球に限られていましたが、連盟が放送局に頼み込んで実現。球場内に集音マイクを設置し、バッターの打球音や観客の歓声がラジオから流れる初の試みも行われ、全試合が生中継されました。

大会後の8月に上井草、10月には洲崎とプロ野球専用球場が完成したこともあり、戸塚球場での開催はこの9試合だけでした。当時の野球界は東京六大学野球が頂点に君臨し、誕生直後のプロ野球は〝職業野球〟と蔑まれ、いつつぶれるか分からないと世間から白眼視される立場でした。現に5月に予定していた関東地方での8試合は、球場問題もあり中止になっています。そんな背景の中で学生野球の雄・早稲田大学の球場を借り

跡地は総合学術情報センターとして、中央図書館などが建設されている

1936年７月に関東で初めて行われた公式戦のチケット

られたことは奇跡であり、興行の成功も含めプロ野球存続の分水嶺だったと言えるでしょう。
球場は戦後の1949年、初代野球部長を務め球場建設に尽力し、冒頭の胸像にもなっている安部磯雄の功績を称えるため「安部球場」と改称されました。そして1987年11月22日に「さようなら安部球場 全早慶戦」を最後に閉鎖され、その使命を終えました。
跡地に建てられた中央図書館を、安部と共に胸像になった元野球部監督・飛田忠順(とびたちゅうじゅん)が並んで見つめています。そばに早慶戦百周年記念碑も建立され、まぎれもなくここは学生野球の聖地ですが、プロ野球界も決して恩義を忘れてはならない場所なのです。

（2020年6月12日）

参考文献：「鈴木龍二回顧録」鈴木龍二、「洲崎球場のポール際」森田創
写真提供：野球殿堂博物館、野球チケット博物館

球跡32

ボールボーイの胸に刻まれた70年前のプロ野球

【小見川(おみがわ)町営球場】

千葉県の北東部に位置する香取市。ＪＲ小見川駅を中心に広がる旧小見川町は、東西に黒部川と利根川が流れ水郷の風情が漂います。ここに完成した町営球場の開場記念試合に巨人、阪神、国鉄、広島のセ・リーグ4球団が集結したのは今から70年前。１９５０年10月17日でした。

終戦から5年。徐々に復興が進んでいたとはいえ、北総の小さな街にあった娯楽施設は映画館だけ。その地に野球場が完成し、プロ野球が開催されるとなればお祭り騒ぎでした。近隣市町村はもちろん、利根川を渡った先の茨城県からもファンが詰め掛け、スタンドは当時の人口８８２０人の倍以上となる1万８０００人の観衆で埋まりました。

1950年に完成。地元の高校野球の試合も多く行われた

三塁側の土手からバックスクリーン方向を望む。左端にはスコアボードが見える

バックネット裏の風景。スタンドは土盛りで出来ていた

試合は阪神対広島、巨人対国鉄の変則ダブルヘッダー。当日のボールボーイを務めたのは、町内の中学校に通う野球部の3年生6人でした。そのうちの一人、三宅康夫さん（84）は当時のことを鮮明に記憶しています。「阪神だけは前夜から小見川の旅館に泊まっていました。6人でそこへ選手を見に行ってね。その帰り道、翌日の担当を決めようと友達とじゃんけんをしたら負けちゃった」。三宅さんは大の巨人ファンでしたが、皮肉にも受け持ったのは阪神と国鉄だったと懐かしみます。

第1試合、一塁側に陣取った阪神のベンチ横に座りました。「物干し竿の藤村（富美男）さんがレフトへ2本、櫟(いちい)（信平）さんがライトへ1本ホームランを打ちました」。たどった記憶が見事に当日のスコアカードと一致するから驚かされます。試合は阪神打線が13安打、10得点と猛打を見せ、10対4で広島を破りました。

続く第2試合は三塁側に回って国鉄の担当でした。ベンチに入ってくる選手を見ていると、一人だけあどけない顔をした長身で細身の若者がいました。「国鉄さんは、お抱えのボールボーイを連れて来たのかと思いましたよ」。しかし、そのユニフォームの背中には「34」の背番号がありました。後に日本球史に燦然と輝く400勝を達成することになる、金田正一投手でした。

三宅さんが、後の大投手をボールボーイと勘違いしたのも無理はありません。この時、金田は17歳で、高校を中退してプロの世界に飛び込んでわずか2カ月。身長183センチながら、体重はやっと70キロ台とガリガリの体型。8月のデビュー戦から4連敗を喫し、10月1日の大洋戦でプロ初勝利を挙げたばかりでした。

試合は国鉄が高橋輝、巨人は大友工の先発でした。国鉄の高橋は立ち上がりから制球を乱し、2回途中で早々と降板。リリーフしたのは金田でした。しかし、三宅さんは「巨人の大友さんがサイドスローで投げていたのは覚えているけど、金田さんのマウンドでの印象は…」と、〝ボールボーイ〟の第一印象が強烈過ぎたのか、肝心のマウンド上の姿は脳裏に焼き付いていません。金田はリリーフした2回裏の満塁のピンチをしのぐと、最終回まで無失点に抑える好投。国鉄が3対2で競り勝ち、金

当日のボールボーイを務めた三宅康夫さん。後ろに広がる田んぼが球場跡地

阪神が宿泊した丸山旅館。明治の時代から少なくとも130年以上営業を続ける老舗である

球場跡地の脇には美しい利根川が流れている

田は巨人相手に初の勝利投手に。今も最多記録として残る「巨人戦65勝」は、小見川町営球場の1勝から始まっているのです。

三宅さんの案内でゆかりの場所を巡りました。巨人や国鉄選手の更衣所となった旅館は廃業していましたが、阪神が宿泊した丸山旅館は今も営業を続けていました。小見川駅から北東へ1・5㎞にある球場跡地は、一面に緑の田んぼが広がっていました。「昭和38年頃には取り壊したのかなあ。その後は（茨城県の）住金鹿島がこの一帯を団地として開発してね」。地域住民の社交の場としてもにぎわった球場は、わずか10数年で姿を消したそうです。

プロ野球開催に沸いた日から70年。今ではその事実を知る人も少なくなったそうですが、三宅さんは15歳の秋に体験した「夢のような1日」を胸に刻み、小見川で暮らしています。

（2020年7月31日）

調査協力：三宅康夫さん、宇井正志さん、丸山旅館
写真提供：篠塚榮三さん

球跡33

国宝・姫路城で1日だけプロ野球が行われていた【姫路城内球場】

兵庫県姫路市の姫山にそびえる姫路城。シラサギが羽を広げたような優雅な姿から「白鷺城」の愛称でも親しまれ、ユネスコの世界文化遺産に登録される名城は昨年度も150万人を超す来場者でにぎわいました。

JR姫路駅から真っすぐ北に伸びる道を進み、城内の大手門をくぐると視界に三の丸広場が広がります。戦時中は軍隊の練兵場だったこの場所は、戦後整備され1947年10月に「三の丸野球場」として使用を開始。天下の名城を間近に仰ぎ見るこの地でも、プロ野球が開催されています。（当日のスコアカードには「姫路城内」と記してありますが、同一球場です）

日本野球連盟（現NPB）と姫路野球協会の共催で、開場翌年の1948

1950年頃の三の丸野球場

前ページの写真と同じ場所で撮った現在の三の丸広場

青空に映える姫路城と三の丸広場

年11月9日に阪急対中日、金星対南海の変則ダブルヘッダーが行われました。後援の神戸新聞社が、前日の紙面で「播州路（ばんしゅうじ）における初の公式戦だけに熱戦が予想される」とＰＲしたことも奏功し、当日は1万３０００人の観衆で盛り上がりました。野球場とは名ばかりに、常設スタンドのない簡素な造りだったので、天守閣に登り野球を眺める人もいたのでしょうか。ちょっと小粋な観戦スタイルが、目に浮かびます。

第1試合の阪急対中日戦。阪急の先発は今西錬太郎投手でした。１９４６年に入団し、切れ味鋭いシュートを武器に〝巨人キラー〟として名を馳せた今西さんはこの年、チームの大黒柱として前日までに21勝の活躍。この試合も中日打線を被安打７、２失点（自責点０）に抑え、完投で22勝目を挙げました。ＤｅＮＡの前身、大洋ホエールズの球団初勝利投手としても知られ、２０１９年横浜スタジアムでのクライマックスシリーズで始球式を務めた今西さんは、元気に都内で過ごされています。

三塁側ベンチ後方にそびえる姫路城を見ながら投げた、若き日のマウンドを覚えているのでしょうか。9月には96歳になる球界のレジェンドにお話しを伺いましたが、残念ながら記憶に残っていませんでした。無理もありません。現代では城や城跡が望める野球場でのプロ野球は希少ですが、今西さんが現役の70年前は頻繁に開催されていました。今西さんの遠征記録だけをたどっても、姫路城内の他、彦根、徳島西の丸、上田市営、松山市営、山形市営、明石公園、高田公園、弘前市営…。車社会到来以前の時代を象徴するかのように、公共施設の野球場は街の中心部にある城郭に建設され、プロ野球は集客の観点からそれらの球場で積極的にゲームを行ったのです。今西さんにとってマウンドから見えた景色は、記憶に留めるまでもない日常の風景だったのでしょう。

１９５2年に現在は大手門駐車場となっている場所に本町野球場（１９８8年廃止）が、１９５９年には手柄山（てがらやま）中央公園に市立球場が建設されたこともあり、プロ野球開催はこの1日だけでした。したがって、国宝・姫路城の城郭内で白星を挙げたのは、第2試合の岩本信一（南海）投手と今西さん

「ジャイアント馬場」が快投快打の活躍を見せた本町野球場の跡地

JR 姫路駅前から望む姫路城

の2人だけ。まさに〝国宝級〟の価値がある記録に思えます。
本町野球場では二軍選手によるオープン戦が行われています。1958年3月9日には、南海対巨人のダブルヘッダーがありました。その第2試合、巨人の先発は馬場正平(しょうへい)投手。のちにプロレスラーとして活躍した「ジャイアント馬場」です。馬場は南海打線を1失点に抑え完投勝利を挙げるとともに、2回には平山正行投手から3ラン本塁打。入団4年目の馬場が記録した初めての本塁打でした。5年間のプロ野球生活で、一軍戦では勝ち星も本塁打も記録できなかった馬場ですが、この日ばかりは身長200センチ、体重90キロの巨体が名城にも負けず、高くそびえていたに違いありません。
現在、三の丸広場は市民の憩いの場となっており、花見や各種のイベントスペースとして活用されています。次回、姫路城を見物の際には、「ここでもプロ野球が行われたのか」と思い出してください。

(2020年8月28日)

調査協力:今西錬太郎さん、姫路市立城郭研究室
参考文献:「二軍史もう一つのプロ野球」松井正
写真提供:姫路市立城郭研究室

球跡34

東京初のプロ野球専用球場

【上井草球場】

西武新宿線の高田馬場駅から普通電車で22分。杉並区にある上井草駅は自動改札機が3つの、こぢんまりとした駅です。その南口改札を出て南西へ3分ほど歩くと上井草スポーツセンターがあります。かつてここに、東京で初めてプロ野球専用球場として造られた上井草球場がありました。

建設したのは今の西武新宿線系統の路線を運営していた旧西武鉄道（現西武鉄道の前身）。プロ野球創立の1936年に結成された東京野球協会（チーム名・東京セネタース）に出資していて、東京にプロ野球専用球場の建設を熱望していた野球界と、集客により鉄道輸送の増加を目論んだ旧西武鉄道の思惑が一致したのです。

写真提供：野球殿堂博物館

一塁側スタンド上の松の木が印象的な上井草球場

１９３６年８月に完成した球場は正式名称を東京球場といい、収容人員は２万９５００人と資料に記されています。29、30日の２日間、落成記念の「東西対抗職業野球戦」でお披露目されると、シーズン終了までに21試合を開催。翌１９３７年は56試合を挙行し、産声を挙げたばかりのプロ野球の東京での知名度アップに貢献しました。

ところが３年目の１９３８年はわずか６試合と激減します。前年の秋、水道橋に〝プロ野球のメッカ〟と讃えられることになる後楽園球場が完成したのです。今では信じられませんが、当時の上井草は都心から遠い郊外に位置付けされ、交通の便も悪かったのです。加えて旧西武鉄道の輸送能力も脆弱で、試合終了後すぐには電車に乗れず、何本か見送らなければならなかったそうです。時には、高田馬場まで戻るのに３時間近くもかかったとか。このような環境下では客足が遠のくのも必然で、以降一リーグ時代が終わる１９４９年まで上井草からプロ野球の球音は途絶えました。

球場が再び注目を集めたのは、戦後の東京六大学野球復活の時でした。太平洋戦争における

1950年ごろの正面入り口

区民が集う「上井草スポーツセンター」

改装後の上井草球場全景

三塁側からスコアボードを望む（1950年7月1日 東急対大映戦）

写真提供：野球殿堂博物館

敗戦で、学生野球の聖地である神宮球場が進駐軍に接収され、1946年に再開した東京六大学野球4年ぶりのリーグ戦は上井草が舞台となったのです。5月19日、試合前に六大学野球の選手が一堂に会し入場式。グラウンドの土をかむスパイクの音が、時代を象徴する調べでした。

プロ野球は12年の時を経て、二リーグに分立した1950年にパ・リーグが8試合を行いました。8月4日はあいにくの雨が降る中、東急対毎日、阪急対大映の変則ダブルヘッダーを開催。しかも、前日に53ミリもの雨が降った影響でグラウンドは開始前から軟弱でした。第1試合の東急対毎日戦は午後4時13分に終了しましたが、グラウンド整備に時間を要し、第2試合の阪急対大映戦の試合開始は午後5時17分。この日の日没時刻午後6時43分まで、1時間半を切っていました。ところが試合開始直後に雨脚が強くなり、午後5時23分から22分間の中断。午後5時45分に再開されたゲームは皮肉にも両チームで27安打の乱打戦となり、ゲームセットは何と午後7時37分。日没から54分も経っていました。二リーグ制後、夜間照明なしで最も遅い時間まで戦った記録として残ります。

4面全てが人工芝の軟式野球場

結局、プロ野球開催はこの試合が最後となりました。前年の1949年には第4回国民体育大会の硬式野球会場として使用され、内野スタンドは拡張により収容人数4万7500人にもなっていました。記者席や選手更衣室なども設置されており、二リーグ分立直後の東京での球場不足問題を鑑みると、もっと試合が行われていても不思議ではありません。ここでも、当時としては郊外に位置付けられていた立地問題が影響したのでしょうか。

球場はその後、東京五輪開催の有力案浮上を機に洋弓場建設が計画されましたが、洋弓の競技種目からの除外で中止に。1964年に取り壊されると、1967年に軟式野球場4面の他、テニスコートやプールなどを備えた都営の総合運動場として生まれ変わりました。1979年には杉並区に移管され区営となり、1998年に冒頭の上井草スポーツセンターとして全面改装され、区民が集うスポーツの場として利用されています。

（2020年9月25日）

参考文献：「上井草球場の軌跡」杉並区立郷土博物館
写真提供：野球殿堂博物館

球跡35

巨人・川上哲治プロ野球初の通算100本塁打達成【水戸水府球場】

ＪＲ水戸駅を出た２両編成のワンマン列車は水戸城の空堀を利用した切通しを抜け、３分で水郡線の常陸青柳駅に到着しました。１日の平均乗車人員１００人あまり。駅舎もない小さな無人駅の近くに、プロ野球初の３００勝投手スタルヒン（巨人ほか）や、打撃の神様・川上哲治（巨人）らが球史を刻んだ水戸水府球場がありました。

１９３２年５月、水戸城のそばを流れる那珂川（なかがわ）に水府橋が完成。これにより水戸市と対岸の那珂郡柳河村（現水戸市青柳町）の往来が容易になり、１９３３年４月に柳河村側の橋のたもとに陸上競技場を併設した県営球場が完成しました。

那珂川のほとりにあった水戸水府球場。手前は水府橋

プロ野球初開催は一リーグ制最後の１９４９年。８月12日に行われた巨人対大映戦は、茨城県下で初の興行とあって２万人が詰めかけました。その大観衆が沸いたのは、大映の先発投手がスタルヒンと告げられた時でした。戦前、戦中は巨人の大黒柱として１９９勝の活躍。しかし、プロ野球が再開した戦後は巨人への復帰を断り他球団に移籍。この年は大映に在籍し、通算７度目の古巣との対戦になったのです。

33歳のスタルヒンに往時の快速球こそありませんでしたが、変化球主体の老獪なピッチングで打線をほんろう。２回裏、走者二塁のピンチを味方野手の好守で切り抜けると、以降は二塁を踏ませず、被安打５、８奪三振でシャットアウト。青田昇、川上哲治の主軸も、合わせて８打席ノーヒットに抑え、４奪三振と圧倒。翌年からの二リーグ分立でパ・リーグに在籍したスタルヒンにとって、巨人相手にこれが最初で最後の完封勝利でした。

1946年の航空写真。グラウンド一面が畑に転用されている

水戸水府球場最寄り駅の JR 常陸青柳駅

かつてのチームメイトに辛酸をなめた巨人が、常陸のファンの前で躍動したのは翌年でした。二リーグ分立直後の１９５０年４月29

日、国鉄対大洋戦に引き続き行われた変則ダブルヘッダー2試合目の対中日戦。試合前、地元水戸第二中学校のブラスバンド部員による「巨人の歌」のお披露目に勢い付いたのか、序盤から打線が爆発。初回に青田の満塁本塁打などで5点を先制すると、5回までに15安打、14得点の猛攻を見せました。

その後も攻撃の手を緩めません。ハイライトは6回裏でした。4番の川上が中日加藤一昭投手からレフトスタンドへ運んだ一打は、プロ野球史上初となる通算100本塁打。青バットの大下弘（東急ほか）とともに、戦後の日本を大きな放物線で勇気づけた〝赤バット〟川上のメモリアル打は、この球場で記録されたのです。続く青田が祝砲とばかりにこの日2本目の本塁打をレフトに放つと、6番山川喜作も左中間スタンドに叩き込みました。結成直後のセ・リーグではもちろん、球団創設14年目の巨人にとっても初の「3者連続本塁打」でした。

茨城県の球児にもゆかりのある球場です。終戦直後の数年間は食糧不足を補うため、グラウンドが畑として使われたこともありましたが、1933年の完成直後から1952年まで夏の甲子園予選の

跡地に建つ青柳公園市民体育館（リリーアリーナ MITO）

水府橋から望むグラウンド（サッカー場）と体育館

決勝戦を開催。西鉄などで活躍した豊田泰光内野手が高校3年生の夏、水戸商業のキャプテンとして優勝を飾ったのもここでした。

１９５２年に市内新原（しんはら）に県営球場が新設されたこともあり、プロ野球開催は１９４９、５０年の２年間で６試合でした。このころから県民の野球熱が高まり、軟式野球の球場不足が課題に。そこで県は１９６０年ごろ敷地を拡張し、野球場も整地して６面の軟式野球場に転用。青柳運動公園として野球愛好者が集いました。その後、管理が県から水戸市に移管され、１９７４年の体育館建設に伴い再び規模は縮小されました。そのグラウンドも今はサッカー場になり、プロ野球史が刻まれた地を偲ばせるものは残っていませんでした。

ところで、水戸市での一軍公式戦は１９９２年に水戸市民球場（現ノーブルホームスタジアム水戸）で日本ハム対オリックス戦が行われて以降、30年近く開催されていません。今年9月に同球場でロッテ対日本ハム戦が予定されていましたが、新型コロナウイルス感染拡大により中止となりました。水戸市で再び、プロ野球の球音が響くことを心待ちにしています。

（２０２０年10月30日）

球跡36

7者連続三振を奪って叱られた320勝右腕【山口市民球場】

21歳右腕の速球が唸った——。阪神タイガース、東京・ロッテオリオンズなどで活躍し、NPB歴代3位の320勝を挙げた小山正明さん（86）。入団4年目に山口県山口市で行われた広島との一戦で、プロ野球唯一の記録として残る「先頭打者から7者連続奪三振」を樹立しましたが、今も鮮明にその日のことを記憶に留めています。

山陽新幹線の新山口駅で在来線に乗り換え、北進すること20分。開湯600年の歴史を誇る湯田温泉最寄りの湯田温泉駅に着きます。そこから徒歩10分ほどのところ、今は中央公園として整備され市立図書館も建つ場所に、1951年開場の山口市民球場がありました。

プロ野球唯一の「先頭打者から７者連続奪三振」が記録された山口市民球場

跡地は中央公園として整備され、木々に囲まれている

湯田温泉にも近い市内中心部で、市民の憩いの場となっている

3月21日に開幕した1956年のペナントレース。広島対阪神4回戦が行われたのは、桜のつぼみがほころび始めた3月27日でした。「この年からストレートが行き始めてね。それまでの3年間と、それ以降では全然違った。だからこの試合のことはよく覚えているよ」。64年の歳月が流れた若かりし日を、小山さんがたどり始めました。

1回表に味方打線が1点を先制し、気を良くして上がったマウンド。先頭打者の金山次郎を見逃し三振に仕留めると、2番から6番までは全て空振り三振に斬って取ります。「この日は初めからめちゃくちゃボールが走っていたね。投げていて〝カープ打線は打てんな〟と思ったもの」。この時、小山さんの持ち球は磨きが掛かり始めた直球にスライダーの2つだけ。しかも「スライダーはほとんど投げなかった。9割ぐらいは直球だった」というから驚きです。

3回裏、先頭の銭村健四から空振り三振を奪い、圧巻の先頭打者から7者連続奪三振。「先頭打者から」の条件を外しても、当時では金田正一（国鉄）ら3人しか記録していないプロ野球記録に並びました。打順は8番、9番と下って行きます。記録更新の確率は高まり、小山さんも意気込みました。しかし、その矢先「8番の恵川（康太郎）というバッターにフルカウントから四球を出してしまってね…」。9番打者はピッチャーだっただけに、〝針の穴を通す〟とも言われた巧妙な制球力が肝心の場面で乱れたことに、今も悔しさがにじみます。

記録こそ途切れましたが、その後も三振を重ね6回で11奪三振。プロ入り初の2ケタ奪三振をマークしました。試合はこの間に味方打線が2点を追加し3対0。誰もが阪神の勝利を疑わず、注目は小山投手の奪三振ショーに移ったように思えました。ところが7回裏、小鶴誠、門前真佐人に連続本塁打を浴びます。直球の走りに気を良くし、初回からエンジン全開だったことが響き、突如疲れが襲ったのです。その後、四球と2本の安打で同点とされると、金山にスクイズを決められ、あっという間に4失点。今もプロ野球記録の先頭打者から7者連続奪三振をマークしながら、最後は負け投手になりました。

天国から地獄へ。ベンチでうな垂れる若き右腕に、仲間は容赦ありません。「先輩の藤村隆男さんにめちゃくちゃ叱られましたよ。いくら三振を取っても、勝てんピッチャーではダメや、ってね」。この時、藤村はベテランの域に達した35歳。そこまでチームの柱として通算131勝。将来を嘱望された21歳の小山をおもんぱかっての、愛情ある〝喝〟だったのです。

凹んでいる姿を見て、もう一人の重鎮・真田重蔵も声をかけました。通算178勝を挙げ、ノーヒットノーランを2回達成した右腕は32歳。この年から打者に転向し、チームに在籍していました。持ち球が2つで、ほとんど直球で相手打線に立ち向かう若者に「もう一つ変化球を覚えたらどうだ」と助言。小山さんの変化球と言えば、王貞治（巨人）をきりきり舞いさせたパームボールが有名ですが、その魔球を会得したのは、まだ先の話。真田の一言をきっかけにマスターしたのは「カーブ」でした。「このボールを覚えたらピッチングが楽で、楽でねえ」。いたずらっぽく笑みを浮かべます。それまでほぼストレート一本鎗だった投球が、カーブを取り入れたことで緩急が付き、ピッチングの幅が広がったのです。この年17勝を挙げると、2年後の１９５８年にはチーム最多の24勝。１９６２年のリーグ初優勝には27勝（11敗）を挙げて貢献。最高勝率に沢村賞も載冠しました。若き日の山口市民球場でのほろ苦い一戦は、小山さんが〝大人の投手〟へ変貌を遂げるターニングポイントになったのです。

ここでのプロ野球開催は１９５８年までで7試合に過ぎませんでした。しかし、街の中心部にあり交通も至便だったことで、１９９０年代の半ばまで高校野球や市民の野球大会に利用されました。その後、１９９５年5月に市内宮野上に西京スタジアムが完成したことで、１９９８年11月に47年の歴史に幕を下しました。跡地は冒頭の中央公園として、緑の芝生が広がり市民の憩いの場となっています。

（２０２０年11月30日）

調査協力：小山正明さん

球跡37

長嶋茂雄も来た 炭鉱の街の野球場

【上砂川球場】

北海道札幌市から北東へ約70キロ。人口2800人余りの空知郡上砂川町は、かつて炭鉱の街としてにぎわいました。1910年代から石炭の採掘事業を開始した三井砂川鉱業所が、従業員により結成された野球チームの拠点として球場を造ったのは1938年。当時、道内の本格的な野球場は札幌円山や旭川市営球場ぐらいでしたから、〝黒いダイヤモンド〟とも言われた石炭により街が活況で、早くからこの地に野球が根付いていたことが伺えます。

プロ野球の興行を誘致したのも、その会社内に組織された三井砂川野球後援会でした。二リーグ分立直後の1950年7月21日、毎日対大映、南海対西鉄の変則ダブルヘッダーを開催。平日の金曜日だったので、会社はその日

出典：国土地理院ウェブサイト：空中写真より（1952年9月26日撮影）

1952年の航空写真 上空から見た上砂川球場

1950年７月21日、毎日、大映、南海、西鉄の4球団が揃ってのセレモニー

外野フェンスとファウルポールは今も残されている

を公休に変更する粋な計らいを見せました。

当日の盛り上がりを同社が月2回発行していた「砂川春秋新聞」が伝えます。「初のプロ野球の好技を見んものと午前6時の開場前、３０００名に余るファンが押しかけるという騒ぎで、午後1時からの試合に午前8時半ごろに内野席は満員、外野席も8分通り埋められた」。遠くは稚内市から来たファンもいて、最終的に８０００人の観衆が詰めかけました。お目当ては少年時代を旭川市で過ごした郷土のスター、スタルヒン（大映）投手でした。しかし、スタルヒンは前日の試合で完投しており登板の機会はありません。そこで藤本定義監督は、打撃も良かったスタルヒンを代打で起用します。対毎日戦の9回表、7対9と2点ビハインドの場面で登場。荒巻淳投手に3球三振を喫しましたが、この日一番の歓声を浴びました。

3年後、そのスタルヒンがこの地で躍動します。１９５３年7月14日の東急戦に先発すると、バットでは6回表にレフト場外へ消える2点本塁打を放つなど2安打、４打点。投げては相手打線を散発の４安打に

跡地に建つ認定こども園「ふたば」

最寄りのバス停は今も「上砂川球場前」だった

抑え完封勝利を挙げました。NPB歴代6位の通算303勝を記録したスタルヒンですが、道内での戦績は2勝6敗、防御率3・38と振るいませんでした。したがって、キャリア晩年の37歳で挙げたこの上砂川での白星は、北海道でマークした唯一の完封勝利でもありました。

プロ野球開催は右記3試合でしたが、町には「長嶋が来てプレーをした」という話が伝わります。長嶋…言わずと知れた〝ミスタープロ野球〟長嶋茂雄（巨人）です。「私も見たわけではありませんが、諸先輩から〝大学時代に長嶋さんが交流試合か何かで来て、あの球場でプレーをした〟と聞いています」。教えてくださったのは上砂川町の奥山光一町長です。

1950年代、石炭の消費拡大で資金が潤沢だった炭鉱会社は、所有する野球部の強化と新人選手勧誘のため、大学の野球部を地元に招待し対戦しています。砂川町（1958年から砂川市）には都市対抗野球の全国大会に7度出場の東洋高圧があり、上砂川町の三井砂川も、1952年の社会人野球結成記念大会の道内大会を制した強豪でした。〝立教三羽烏〟と言われた若き長嶋が、杉浦忠（のちに南海）が、本屋敷錦吾（のちに阪急、阪神）が、空知の地で白球を追ったのでしょう。

山の木々が色づき始めた秋、ＪＲ函館本線の砂川駅前からバスで向かいました。野球場跡地の最寄りのバス停は、今も「上砂川球場前」。球場の廃止からまだ7年と日が浅く、外野フェンスやファウルポールも往時のまま残されています。ただ、ネット裏や内野にあったスタンドは撤去され、ダイヤモンドだった場所には認定こども園が建てられ、児童たちの元気で無邪気な声が響いていました。

石炭採掘による１９６０年代までの隆盛と、その後のエネルギー革命（石油の大量輸入）による急激な衰退。人口は最盛期の11分の1にまで減少し、少年野球団や各事業所の野球チームも消滅。施設の老朽化も進みました。スタルヒンや長嶋茂雄らがプレーした、いにしえの野球場も時の流れには逆らえず、静かに75年の歴史に幕を下しました。

（２０２０年12月25日）

調査協力：空知郡上砂川町

参考文献：砂川春秋新聞（１９５０年8月1日、第５２３号）

球跡38

プロ野球初の日本一決定戦の舞台

【洲崎（すさき）大東京球場】

東京メトロ東西線の東陽町駅で下車し地上へ。途切れることなく車が行き交う永代通りから少し路地を入ると、東京都の江東運転免許試験場があります。その対面に「伝統の一戦（巨人・阪神）誕生の地」と記された記念碑が建てられていました。かつてこの地に、プロ野球草創期の伝説の舞台となった洲崎球場があったのです。

球場が完成したのはプロ野球が誕生した１９３６年の秋。東京では8月に開場した上井草球場に次ぐ2番目のプロ野球専用球場で、大東京軍の専用グラウンドとして建設されたことから大東京球場とも呼ばれました。起工式からわずか51日間の突貫工事で完成した球場は、周囲がトタン板で囲われ、内

初めて公式戦が行われた1936年11月29日の空撮写真

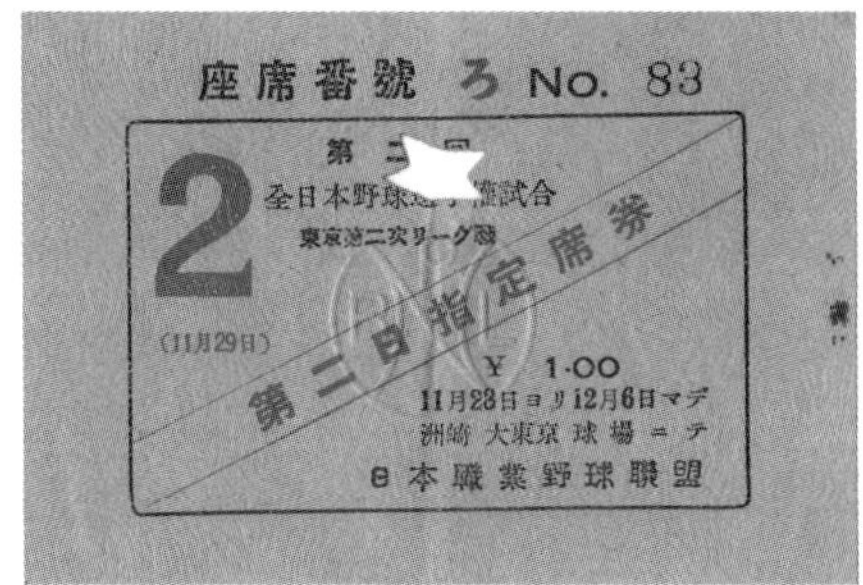

前日は雨天中止で、洲崎球場初の公式戦となった試合のチケット

1936年11月の連盟ニュースに掲載された洲崎球場付近の地図

野スタンドは木造の10段式。しかし、敷地は昭和初年に埋め立てられたばかりで地盤は不安定。杭が打ち込めず、スタンドは地面に置いただけのものでした。

選手の更衣室はなく、ダッグアウトも土を少し掘っただけの砂場のようなスペースと簡素な造りでした。それでもグラウンドでは巨人の沢村栄治やスタルヒン、阪神の景浦将、若林忠志らの猛者たちが躍動し、スタンドは下町の野球ファンの歓声でにぎわいました。

プロ野球初の年度優勝決定戦はここで行われました。１９３６年秋の優勝決定は、９月から６大会を行い合計勝ち点を争う方式でしたが、巨人と大阪タイガース（現阪神）が並びました。そこで12月９日から３試合の決定戦に。巨人が先勝し、タイガースがタイに持ち込み迎えた第３戦は巨人が４対２で勝利し、プロ野球最初の日本一に輝きました。この洲崎３連戦にフル回転したのが巨人沢村投

2005年に江東区が設置した球場跡の記念碑

跡地にはオフィスビルが建てられ、多くの人が行き交う

手。タイガース打線相手に渾身の3連投は、後に軍隊入りした沢村が「戦場での戦いよりきつかった」と語ったほどでした。２０２１年シーズンに節目の２０００試合目を迎える〝伝統の一戦〟は、この洲崎決戦から脈々と受け継がれているのです。

　開場2年目の１９３７年にはノーヒットノーランが3度も記録されました。５月１日の巨人対タイガース戦では、巨人沢村が前年に続き自身2度目の偉業を達成。試合終了と同時にスタンドからは何百枚もの座布団が投げ込まれ、東京湾からの風に乗り、ひらひらと宙を舞いました。７月３日には同じく巨人のスタルヒンがイーグルス相手に達成しましたが、この試合の観衆はわずか２６５人。沢村とは対照的に、あまりにも寂しい舞台でした。その13日後の7月16日には、阪急の石田光彦がセネタース相手に球団史上初の快挙を成し遂げました。完全試合を含め、ノーヒットノーランは93回記録されていますが、同一球場で1年間に3回達成されたのはこの年の洲崎球場だけです。

　前代未聞の「水没コールドゲーム」の歴史も残っています。球場があった場所は、埋め立てが進んだ現在の地形とは違い、外野スタンドのすぐ後ろに東京湾が広がっていました。しかも海抜はわずか60センチ。試合のない日には、さざ波の音も聞こえたと伝わります。事件が起こったのは１９３８年３月15日、巨人対金鯱のオープン戦ダブルヘッダー２試合目の４回でした。グラウンドに大量の海水が流入してきたのです。原因はおりからの高潮に加えて、球場横にあった掘割の堤防が崩れたことによるものでした。一塁側に陣取っていた巨人は、ベンチをコーチスボックスの近くまで移動させましたが、海水の流入は止まりません。結局、５回終了時点で試合続行不可能となりコールドゲームが宣告されました。

この試合の塁審を務めていたのは島秀之助。前年まで金鯱の外野手として洲崎球場でプレーし、この年から審判員に転身しました。１９９５年に亡くなった島は生前「よく水が出たが、湿った程度じゃなくピチャピチャするほどだった」との証言を残しています。また、地元の江東区が１９９７年に刊行した「江東区史・中巻」にはファンの話しとして「スタンドにカニがはいずっていた」「グラウンドの中から貝殻が出てきた」など、水に関するエピソードが紹介されています。

１９３７年には92試合の公式戦開催とフル回転しましたが、このようにグラウンドコンディション

グラウンドが浸水しコールドゲームになった1938年のオープン戦
© ベースボール・マガジン社

に大きな課題を抱えていました。この年の秋に後楽園球場が完成すると、翌年の開催はそちらが中心となり、1938年6月12日の名古屋対巨人の一戦を最後に洲崎球場から球音が消えました。1936年11月29日の洲崎シリーズ初日から、わずか1年7カ月という短命で役目を終えたのです。球場は戦時中の1943年ごろ解体。跡地には民間企業の社屋が建てられ、当時の面影は全く感じられません。冒頭の記念碑横の歩道を、多くの人が足早に通り過ぎて行きました。

（2021年1月29日）

参考文献：「洲崎球場のポール際」森田創、東京中日スポーツ「ボクの思い出STADIUM」（2016年1月27日）、「江東区史・中巻」江東区

写真提供：野球殿堂博物館、野球チケット博物館、ベースボール・マガジン社

球跡39

プラタナスの木に囲まれた美しい野球場

【美吉野（みよしの）野球場】

桜で有名な吉野山がある奈良県吉野町は、大阪市内の近鉄・大阪阿部野橋駅から特急電車で1時間15分ほどを要します。人口は約6700人。中央部を東西に吉野川が流れるのどかな町に、1世紀近く時をさかのぼった大正末期に野球場のほか、陸上競技場、庭球場、相撲場、シャワー室に選手控室など、国内屈指の施設を備えた美吉野運動競技場がありました。

吉野鉄道（現近鉄吉野線）が現在の吉野駅まで路線延長工事を行っていた1926年、上市町（現吉野町）の吉野川流域の中州にあった雑木林約2万坪（東京ドームの約1・5倍）を開拓。桜の季節以外でも乗客を呼べる沿線施設として建設しました。中でも、陸上競技場は日本陸上競技連盟

1954年ごろの野球場。球場左手に写る貯木場が陸上競技場だった場所

の公認を受けた立派な施設で、〝暁の超特急〟と言われた吉岡隆徳がトラックを走り、アムステルダム五輪で日本人初の金メダリストになった織田幹雄が三段跳びを披露しました。他にも谷三三五、南部忠平、中西みち、人見絹枝など多くのオリンピアンが足跡を残しています。

野球場は周囲にプラタナスの木が植えられ、美しい景観でした。収容人数1000人とコンパクトな造りでしたが、当時は全国を見渡しても施設自体が希少で、甲子園球場も2年前（1924年）に完成したばかりでした。開場した1926年から1928年にかけては、全国から小学生が集まり日本学童野球大会が開催され、隣県の和歌山県とは中等学校の選抜野球大会も行われました。

1926年、完成当時の野球場と選手控室
写真提供：成瀬匡章さん（奈良県立図書情報館 奈良今昔写真WEB蔵）

1940年代の美吉野運動競技場配置図。「トラック」はその後、貯木場になった

プロ野球開催は二リーグ制になった1950年でした。吉野町は桜のほかに、最高級の材質を誇る吉野杉・桧の産地としても名高い地です。したがって陸上競技場などは1939年ごろから貯木場として使用されましたが、野球場だけは世間の野球熱の高まりもあり残っていたのです。地域の林業をリードしていた吉野木材協同組合連合

野球場のスコアボードに登って観戦する子供たち

跡地の半分は原木市場として利用されている

会が、新生連合会設立を記念して約80万円を投じて野球場の大改修を行いました。その球場開きとして、連合会が阪急対東急、近鉄対南海の変則ダブルヘッダーを主催したのです。

吉野の山に新緑が映える5月19日。平日の金曜日でしたが、スタンドは満員の観衆で埋まりました。当時小学校の低学年だった芳澤英一さん（77）は外野席で観戦しました。「たくさんお客さんがいて、人込みの中をウロウロしながらはしゃいでいました。でもね、小学校に上がったばかりだから試合のことは全く記憶に残っていません」と苦笑い。スコアカードを見ると、第1試合の阪急対東急戦は5対5の同点で延長戦に。10回表、大下弘（東急）が決勝の2ランアーチをレフトスタンドに叩き込んでいます。残念ながら芳澤さんの脳裏には焼き付きませんでしたが、〝青バットの大下〟として戦後のプロ野球を盛り上げた男の一打は、大和路の野球ファンを魅了したことでしょう。

2年後の1952年8月には近鉄対南海のダブルヘッダーが行われました。しかし、プロ野球の球音が響いたのはこれが最後でした。球場への唯一の交通機関は近鉄電車で、近鉄にとって運賃収入のうま味はありましたが、吉野は常時興行にはちょっと遠すぎたのでしょう。その後は近畿二府四県の硬式野球大会が行われたほか、地域住民にも広く開放して福利厚生に利用されました。

1941年に建てられたレトロな旧連合会事務所。この木材組合がプロ野球を主催した

およそ100年前に植えられたプラタナスの木とグラウンド跡地の解説板

１９５９年９月に近畿・東海地方を襲った伊勢湾台風により吉野川は大きな被害を受けます。野球場は水没した程度でしたが、その後の河川改修工事で川幅が広げられることになり、１９６０年代後半に取り壊されました。野球場の跡地には吉野小学校が建てられ、陸上競技場だった場所は今も連合会の原木市場として利用されています。

最寄り駅の吉野神宮で下車すると、なんとも言えない木の香りが漂って来ました。街には今も40軒近くの木材関係施設が集まっているそうです。伊勢湾台風を機に整備された球場跡地近くの道路には、大きく成長したプラタナスの木があり、その傍らに「美吉野グラウンド跡とプラタナス」と題した解説板がありました。前出の芳澤さんが中心となり、「吉野川左岸の景観を守る会」が２０１９年の秋に設置したそうです。

「野球場がなくなってからでも50年以上経ちましたから、当時を知る人も少なくなりました。多くの五輪メダリストたちが、この地でも活躍したことを記したかったのです」

今でこそスポーツ複合施設は珍しくありませんが、１００年近く前の大正から昭和にかけて、緑濃き吉野の里に最先端のスタジアムがあったこと自体が驚きです。その史実を語り継ぐためにも、当時から残るプラタナスの木を永遠に守ってほしいと思います。

（２０２１年２月26日）

調査協力：芳澤英一さん、吉野町役場、吉野町教育委員会
参考文献：「年輪」吉野木材協同組合連合会設立50年記念誌、「南都銀行五十年史」株式会社南都銀行
写真提供：成瀬匡章さん（奈良県立図書情報館 奈良今昔写真ＷＥＢ蔵）、ＮＫＴＫ（奈良県立図書情報館 奈良今昔写真ＷＥＢ蔵）

球跡40

かるたの聖地・近江神宮に野球場があった

【滋賀球場】

琵琶湖がある滋賀県大津市に鎮座する近江神宮神社。小倉百人一首で天智天皇の歌が巻頭を飾ることから、かるたの聖地とも呼ばれ、映画『ちはやふる』の舞台にもなりました。その内苑東側の森に囲まれた地に、自動車教習所の教習コースが広がりますが、かつてここには滋賀県で初めてプロ野球を行った野球場がありました。

終戦から2年後の１９４７年9月。内苑の空地に総工費60万円をかけて、１万人収容の観客席を備えた野球場を建設。当時、県内には彦根球場（１９３９年完成）しか存在せず、「西ノ宮や後楽園球場におとらないすばらしい野球場が出現する」と県民待望の新球場誕生を滋賀新聞は伝えます。当

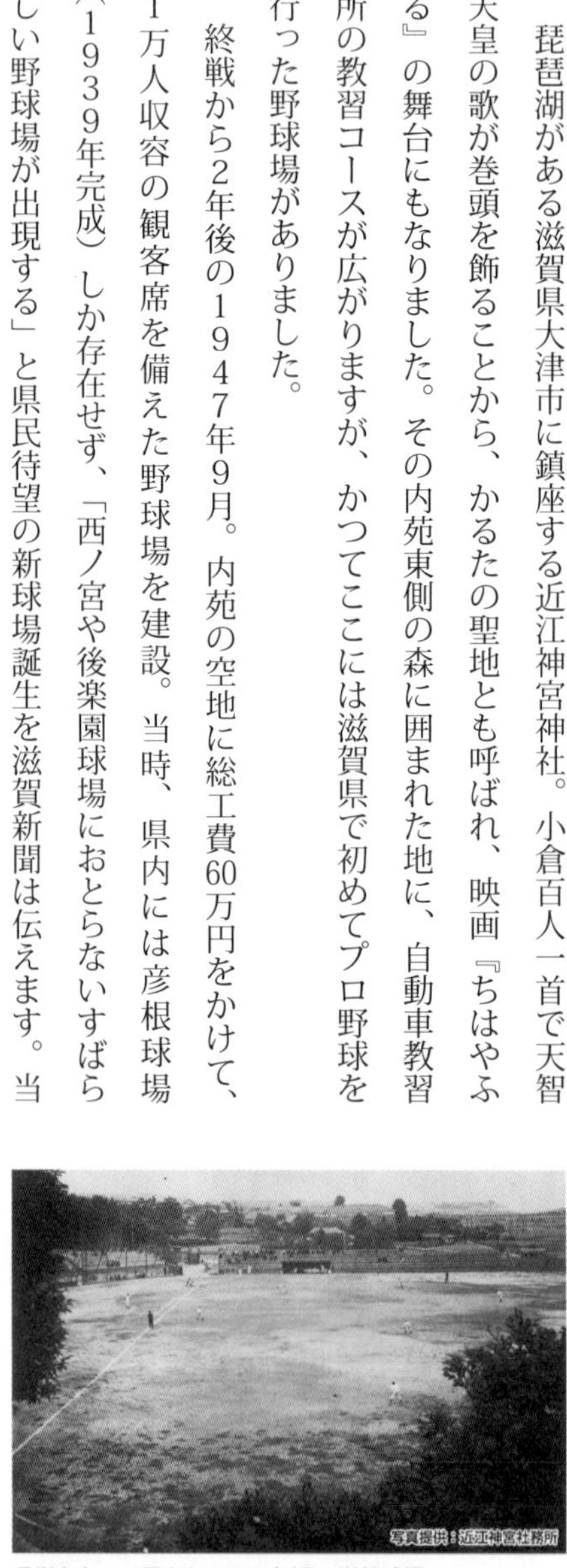

県営となって間もない1950年頃の滋賀球場

球場跡地の航空写真、教習コースが扇形になっている

外野の膨らみをそのまま生かして造られた教習コース

初は近江球場と名付けられ、9月29日に公式戦期間中にもかかわらず阪急対南海のオープン戦を開催。県内でのプロ野球はこれが初めてでした。

自然の地形を生かしたため、球場のスタンドの一部は森の土手を活用し、グラウンドも正確な扇形ではありませんでした。そこで県営となった1949年にグラウンドの一部を拡張し、名称も滋賀球場に変更。プロ野球の公式球場に認定され、1949年11月8日に球場開きとして大陽対阪神の公式戦を開催。湖国の野球ファンを喜ばせました。

一リーグ制最後となったこの年の本塁打王争いは、ともに阪神の藤村富美男と別当薫が最後まで激しいつば競り合いを展開しました。シーズン112試合目を終えた9月23日の時点で、互いに36本塁打を放ち並走。残り10試合で迎えた滋賀のゲーム前でも別当39本、藤村41本とタイトルの行方はわかりません。その戦いにほぼ決着を付けたのが、この試合での藤村でした。

初回、1死二塁の場面で大陽の先発江田貢一から左中間スタンドへ42号本塁打を放つと、9回には二番手の宮沢基一郎からこれも左中間スタンドへ、この日2本目となる43号本塁打。別当との差を一気に4本としました。藤村はその後も3試合連続本塁打を放ち、シーズン46本塁打。終盤11試合をノーアーチに終わった別当に7本差をつけ、当時の最多本塁打記録を更新し、一リーグ最後のキングとなりました。

プロ野球の公式戦開催はこの1試合だけで、主に都市対抗野球の滋賀県予選や高校野球の京津大会などで使用されました。それも1954年夏ごろまでで、試合会場としては8年ほどの短命に終わり、その後は地元の高校の練習場として使われました。1956年のセンバツ高校野球大会に大津東高校（現膳所(ぜぜ)高校）野球部のエースとして出場し、その後阪神の外野手で活躍した石田博三さんは「僕らのころはすでに荒れ放題。脱衣所もなくて、着替えは近江神宮の材木置き場でした。でも、あそこでの練習は懐かしい思い出です」と、2004年5月18日の読売新聞『しが県民情報』で球場を回想しています。

1960年に滋賀球場から南へ2㎞ほどの御陵町に皇子山球場が完成。ほぼ同時期に滋賀球場は取

森の中には当時のスタンドがそのまま残されている

鳥居の横に、かるたの聖地の看板が掲げられている

り壊され、１９６１年3月に現在の大津自動車教習所に姿を変えました。その自動車教習所を上空写真で見ると、教習コースが森と県道に囲まれた扇形をしており、野球場だった土地をそのまま活用していることがわかります。プロ野球を開催し、その後廃止になった野球場は全国で１００を超えますが、跡地を自動車教習所にしたのは愛知県の鳴海球場と滋賀球場の2カ所だけと希少です。
バックネット裏だったと思われる場所には、生い茂った木々の中に8段ほどのコンクリートで作られたスタンドが往時のまま残されていました。今から70年前、初めて見るスター選手のプレーに多くの野球ファンが胸を高鳴らせたことでしょう。その場所に座ると、藤村の2発の快音が聞こえたような気がしました。

（２０２1年4月9日）

参考文献：滋賀新聞（１９４7年7月3日）、読売新聞「しが県民情報」（２００4年5月18日）
写真提供：近江神宮社務所

球跡41

本塁から左翼まで１２１メートルもあった【各務原（かかみがはら）運動場】

名古屋駅から名鉄電車でおよそ1時間。岐阜県各務原市はかつて中山道の宿場町（鵜沼宿）として栄え、今は岐阜市や名古屋市のベットタウンとなっています。ここには岐阜県の野球史に貴重な記録を刻んだ各務原運動場がありました。

時をさかのぼること90年。中等学校の野球に流行の兆しが見え始めた１９３１年。地元の各務原鉄道（１９３５年に名鉄と合併）が、各務原陸軍飛行場の西側に広がる畑地を那加村（現各務原市）から無償で貸与され、費用一切を会社が負担するという条件で建設を開始。１９３２年秋に完成した「運動場」は、一周４００メートルのトラックを有する陸上競技場

開場時は「那加総合運動場」だった各務原運動場 左奥にバックネットが見える

球跡 41

各務原運動場

陸上競技場兼用で、トラックの中にダイヤモンドがあった

1960年ごろから住宅地となり、運動場だった面影は全く感じられない

を兼ねた長方形で、内野のダイヤモンドはそのトラックの中にありました。したがって、本塁から右翼の仕切り塀までは82・3メートルでしたが、本塁から左翼までは１２１メートルもありました。

名鉄は学生野球の開催に好意的で、球場を無償で提供したほか、審判員、ボールボーイ、グラウンド整備員の斡旋まで引き受け「選手が来れば、すぐに試合ができる」までのお膳立てを行いました。結果、高校野球夏の県大会予選では１９３３年から１９５７年まで、数回を除いてメイン球場として使用されました。巨人のＶ９に貢献した森昌彦選手が、岐阜高校3年の１９５４年夏に県大会を制し、三重県代表との三岐大会に勝って甲子園出場を決めたのはここでした。

岐阜県のプロ野球史も各務原運動場に始まります。戦時中は食糧増産のため麦畑に転用され荒れていましたが、１９４６年夏に整地が完了。2年後の１９４８年6月25日に１万２０００人の観衆を集めて行われた中日対阪急戦が、記念の一戦でした。当時中学3年生で市内在住の富樫政孝さん（87）は、7月16日に観戦した中日対金星戦を克明に記憶しています。

「陸上競技場を兼ねていましたから、グラウンドは長方形でレフトが広かったです。外野にフェンスはなく、木の杭が打ってあり、そこにロープが張ってありました。外には出店もあり、大にぎわいでしたね」と〝球場〟の様子を描写。区域の野球チームの「球拾いを手伝っていた」野球大好き少年にとって、初めて見るプロ野球選手は「一人ひとりが神様に見えた」そうで、今もその時の興奮が蘇ります。

「（金星の）スタルヒン投手の球はそんなに速くなかったけど、背が高くて大きかったですね。忘れられないのは中日の山本尚敏（ひさとし）選手。代走で出てきて、颯爽と盗塁を決めた姿は格好よかったです」。スコアカードを見ると、6対6の同点で迎えた8回裏、中日の攻撃。ヒットで出塁した杉江文二選手の代走で起用された山本は、衛藤大輔選手の5球目に二盗。内野ゴロで三進した後、原田徳光選手のスクイズでホームベースを踏みました。結局、これが決勝点となり中日が8対7で勝利。この年、ここぞという場面で代走に起用されチーム2位タイの26盗塁。失敗はわずかに2で「代走のスペシャリスト」と言われた山本の姿は、富樫さんの脳裏にしっかりと焼き付いています。

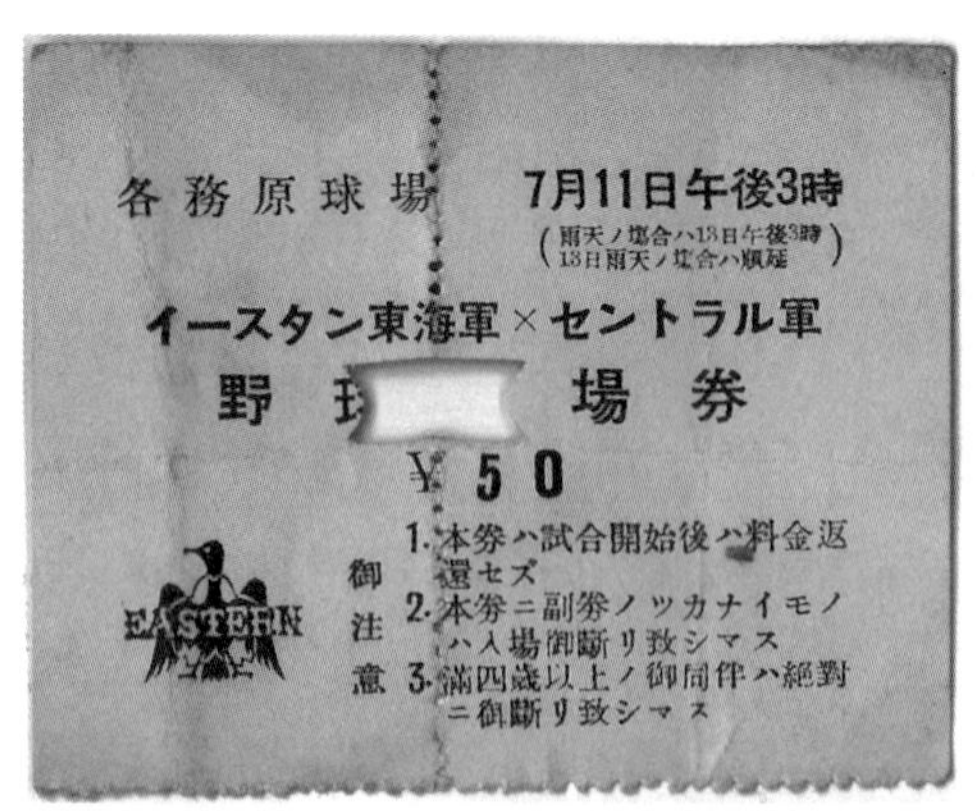

1937年まで存在した「新日本専門リーグ」の試合チケット

この試合ではいずれも左翼方向に4本塁打が記録されていますが、その飛距離は93～104メートル。前述の通りレフトの塀までは121メートルありましたが、当日はそれよりもかなり前方に富樫さんが証言されたロープが張られていたのでしょう。二リーグ分立後の1952年ごろまでは、学校の校庭や陸上競技兼用のグラウンドなど、野球場以外でも試合を行っています。記録が残る施設では、各務原運動場の左翼まで121メートルは最長です。もし、ロープが張られていなかったら〝左翼まで最長距離〟で行われたプロ野球だっただけに、ちょっと残念です。

運動場の閉鎖は1959年ごろでした。1951年12月に行われた2度目の契約更新の際、那加町（現各務原市）は施設が脆弱だったので「町民に福利をもたらすよう充実してほしい」と申し入れたところ、名鉄側も運動場改修に50万円をかけ町側の意向に沿うよう努力する約束をしました。しかし、その後に改修が行われなかったこともあり1956年1月で契約終了。施設と土地が返還されました。町営となった運動場は、間もなくして住宅地への転用が決定。岐阜県の野球史を黎明期から四半世紀に渡り刻んで、幕を閉じました。

130戸分に区分けし、分譲された土地には住宅が立ち並んでいます。運動場の閉鎖から60余年が経ち、周辺に住む人でもプロ野球開催を知る人はわずかになりました。

（2021年4月30日）

調査協力：富樫政孝さん、各務原市歴史民俗資料館、野球殿堂博物館
参考文献：那加町史、「白球燦々—岐阜県中等学校・高等学校野球史—」岐阜県高等学校野球連盟
写真提供：各務原市歴史民俗資料館、野球チケット博物館

球跡42

二人の野球少年を魅了した17本のアーチ

【飯田城下球場】

東に南アルプス、西に中央アルプスがそびえ、南北を天竜川が貫く長野県飯田市。中心部にある飯田城址の一角、今はグラウンドの半分に県営住宅が建つ場所に１９３３年開場の飯田城下球場がありました。

プロ野球は二リーグに分立した１９５０年にセ・リーグの試合を開催しています。巨人、阪神、広島、西日本の4チームが「信州シリーズ」と銘打って、9月19日から長野市、松本市、飯田市を転戦。飯田城下球場では21日に阪神対広島、巨人対西日本の2試合を行いました。人気チームの巨人、阪神が初めて伊那谷（いなだに）に来るとあり、当日は静岡県からもファンが来場し、試合開始の3時間前に内野席が、試合開始の午後1時には外野席も満員。翌日の読売新

飯田城址の南側、松川沿いにあった飯田城下球場

球場はかつて飯田長姫高校野球部の練習場でもあった

グラウンドの一角に県営住宅が建てられている

聞は、観衆2万人と盛況ぶりを伝えています。

当時小学4年生だった佐野竜一さん（82）は、当日まで待ち切れず、前日の選手たちの飯田入りを〝待ち伏せ〟したほどでした。「飯田駅の一つ手前の桜町駅のホームで待っていたら、2両編成の列車で巨人選手がやって来ました。同じ車両に乗り込んでサインを頼んだら、青田選手がしてくれましたね」。桜町駅から飯田駅までの乗車時間たった2分の思い出は、70年経っても色あせません。

翌日のゲームも鮮明に記憶しています。「野球場といっても、スタンドのないただのグラウンド。外野にフェンスもなく、高さ1メートルほどのベニヤ板で囲っていましたが、膨らみが少なく狭かったですね。別所さん、藤村さん、川上さん、それに青田さんも。有名選手がたくさんホームランを打ちました」。スコアカードを見ると、阪神対広島戦では阪神がイニング3本塁打を放つなど両チームで計7本。巨人対西日本戦では、巨人青田昇がゲーム3本塁打を放ち、両チームで計10本。この日の天候は晴れ。信州の乾いた秋風にも乗り、2試合で17本ものアーチが乱舞しました。

中学2年生だった桜井常治さん（86）は、ベンチの代わりに敷かれたゴザの上に座る選手のすぐ後ろで観戦していました。「テレビ放映もない時代でしたから、目の前にプロ野球選手がいるなんて夢のような時間でした。ホームランの多い試合でしたが、巨人の別所さんはフォームが綺麗で、いいボールを投げていましたね」。狭いグラウンドにほとんどの投手が苦心した中、4イニングを2失点にまとめた別所毅彦の美しい投球フォームが、今も瞼に焼き付いています。

華々しく本塁打が飛び交ったプロ野球観戦をきっかけに、二人の少年は野球にのめり込みます。桜井さんは中学校卒業後、飯田長姫（おさひめ）高校に進学し野球部に入部。身長157センチで「小さな大投手」と言われ、甲子園を沸かせた光沢毅さんとは同級生。高校3年の春のセンバツ甲子園大会で、全国制覇を達成しました。佐野さんは大学まで野球を続け、その後は指導者の道を歩みます。1965年、第37回春のセンバツ大会に塚原天竜高校の監督として甲子園出場を果たしました。

「昭和22年に大火があって、しばらくは野球をやるどころではなかった」と桜井さんが振り返るように、市街地の7割を焼き尽くした1947年4月20日の「飯田大火」は、終戦からの復興を目指していた市民生活にも多大な影響を及ぼしました。戦争と火事。打ちひしがれた市民の心を癒し、勇気を与えたのは、この時のプロ野球だったのかもしれません。そして、桜井さんや佐野さんのように多くの少年が野球に夢中となり、4年後の飯田長姫高校の全国制覇につながったのでしょう。

二人の案内で跡地を訪ねました。入口付近に錆びた立て看板があり、「飯田長姫高等学校」の文字が記されていました。校舎が城址の一角にあったことから、球場は長姫高校が管理し、長く野球部の専用練習場として使われたそうです。その後、校舎の移転に伴いグラウンドの一角に2棟の県営住宅が建てられました。半分ほど残るグラウンドでは、今も軟式野球が行われるそうです。1日で17本ものアーチが刻まれた舞台。「飯田城下球場」の名は消えても、白球は飛び交い続けてほしいと思います。

（2021年6月11日）

調査協力：桜井常治さん、佐野竜一さん、今井徹さん

球跡43

ボールボーイの高校球児は 後に596盗塁の韋駄天

【広島管区警察学校グラウンド】

ＪＲ広島駅から普通電車で西へ約40分。広島県の西の玄関口に位置する大竹市は、前に穏やかな瀬戸内海が広がり、後ろには美しい山々が連なる風光明媚な街です。ここには戦時中、海軍を志願した新兵を訓練する大竹海兵団がありました。戦後その地は広島管区警察学校（大竹警察学校）となり、敷地内のグラウンドで１９５３年４月16日に広島対巨人のセ・リーグ公式戦が１試合だけ行われています。

広島カープは当時、広島総合グラウンド（広島市西区）を本拠地にしていましたが、そこでの開催は基本的に日曜日のみ。平日は呉二河（くれにこう）、福山、十日市、西条御建（みたて）、尾道西高校など県内各地を行脚。この年は主催全65試

大竹海兵団跡地に造られた広島管区警察学校　グラウンドは広大だった

山陽本線の JR 大竹駅 ここから徒歩15分ほどの場所に広島管区警察学校はあった

企業の敷地内に造られた「大竹海兵団跡」の碑

合のうち22試合を開催して、ファン獲得と同時に名物の酒樽を設置し〝タル募金〟で資金集めを行ったのです。

広島管区警察学校のグラウンドにも「酒樽が置かれていた」と証言するのは当時大竹小学校6年生で、この試合を課外授業の一環として観戦した山戸一成さん(79)です。「私の記憶にはないのですが、一緒に見ていた女の子が〝酒樽があった〟と教えてくれました。内、外野に置かれていたようですね」。この試合の観衆は6000人。県西部では初のプロ野球興行だっただけに、さぞ酒樽は満たされたことでしょう。

山戸さんの脳裏には、グラウンドの片隅に見えた飛行機の格納庫が強く印象に残っています。「あの場所は第二次世界大戦中に建設されましたからね。戦時中は小さな飛行機が離発着を行っていたようです。その名残りだったのでしょう」。野球と格納庫。平和が戻った中で見かけた奇妙な光景が、今も忘れられません。

この試合のボールボーイを務めたのは、

地元大竹高校の野球部員でした。そのうちの一人が、当時高校2年生で後に南海で活躍した広瀬叔功（よしのり）さん（84）です。「警察学校の隣りに校舎があった縁で頼まれたのでしょう」と、70年近く前になる記憶をたどりました。

「それまでプロ野球は県営球場で東急と阪神の試合を1回見ただけでした。私はタイガースファンでしたが、巨人の選手を間近で見られるのが嬉しくて当日を楽しみにしていましたよ」。当時のメンバーは打撃の神様と言われた川上哲治、好守巧打の二塁手千葉茂、1951年の日本シリーズMVPに輝いた強打の外野手南村不可止（ふかし）など多士済々。中でも千葉の華麗な内野守備には目を奪われました。「ノックでボールを取るでしょ。すると一塁の川上さんを一切見ずに投げるの。それがいい送球でね。〝さすが！〟と思いましたよ」。目の当たりにした伝説のノールックスローが、今も脳裏に焼き付いています。

場所はプロ野球が開催されたとはいえ「野球場」と言うのがはばかられるような、ただただ広いだけのグラウンドでした。「そうやね、広さはここの3倍ぐらいあったかな」とマツダスタジアムの記者席から眼下のグラウンドを見渡しながら回想します。バックネットこそありましたが、スタンドはもちろん、常設のフェンスもありません。外野フェンスの代わりには、学校の渡り廊下のスノコ板が荒縄で棒杭に固定されていました。「（バッティング練習で）柵をくぐり抜けた打球や、試合中のファウルボールを何回も拾いに行きましたが、まあ広くて大変でしたよ。巨人の選手を近くで見られたことより、そっちの思い出のほうが強いかな」と苦笑いしました。

広瀬さんは高校3年生になった翌年秋、南海の入団テストを受け合格。3年目の1957年に一軍に定着すると、1961年から5年連続パ・リーグ盗塁王を獲得するなど、俊足の外野手として活躍。22年間でNPB歴代24位の2157安打を記録しました。大竹市で唯一開催された公式戦でボールボーイを務めた高校球児は、その後球史に名を刻む名選手に成長を遂げたのでした。

広島管区警察学校はその後、広島市内へ移転。跡地は払い下げられ、今は民間企業3社の工場が建ち並びます。その1社である三井・ダウ ポリケミカル大竹工場の敷地の一角には「大竹海兵団跡」の碑が建てられています。

（2021年6月25日）

調査協力：広瀬叔功さん、山戸一成さん、三井・ダウ ポリケミカル株式会社 大竹工場

球跡44

幕張のウグイス嬢が思慕を寄せる【帯広市営緑ヶ丘公園球場】

日本ハム対オリックス戦が２０２１年７月14日、北海道帯広市で開催されました。会場の帯広の森野球場は１９９０年完成で、それ以前のメイン球場は緑ヶ丘公園内にあった緑ヶ丘球場でした。終戦後の１９４６年10月に完成し、２年後の１９４８年８月２日に挙行した巨人対金星、阪神対大陽の変則ダブルヘッダーが、帯広でのプロ野球公式戦の始まりです。

７月29日の函館を皮切りに、旭川、帯広、札幌と周り、再び函館へ戻る11日間の日程の中での開催。当時道内の交通網は至便とは言えず、国鉄の臨時列車を手配しての移動でしたが、４チームの選手が同じ車両に入り混じり行脚する様は、まさに呉越〝道周〟でした。

写真提供：野球殿堂博物館

帯広初のプロ野球公式戦に満員のファンで埋まった緑ヶ丘球場

宿舎の「つるや旅館」からトラックの荷台に乗り出発する巨人選手

帰路に就くファンの横をトラックで送迎される阪神選手

その遠征の模様を記録した貴重な写真が野球殿堂博物館に保管されています。この帯広開催で、各チームの旅館と球場の往復は自衛隊所有の2トン半トラックの荷台に乗せられて行われました。しかも、荷台の両サイドに囲いはなく、1本の縄が簡易的に張られただけ。そこに20人を超す選手、関係者がすし詰めになり、立った状態で走行しました。安全面はもちろん、道路交通法違反も懸念されるショットから、戦後わずか3年の世相が伝わります。

地理的要因もあったのでしょうか、プロ野球開催は2年後の1950年7月の毎日対大映戦を含めわずか3試合でした。プロ野球とは縁の浅い球場ですが「40代後半以上の十勝の野球好きには思い出深い球場です」と思慕を寄せるのは、ZOZOマリンスタジアムで場内アナウンスを務める千葉ロッテの谷保恵美さんです。

帯広市に生まれた谷保さん。父の三島直政さん（87）は帯広三条高校と帯広北高校で野球部の監督を務め、4回甲子園に導いた名指導者でした。必然的に幼いころから野球に触れる環境にありました。「小、中学生の時は父がちょうど監督を退いていたので、緑ヶ丘球場のスタンドでよく一緒に野球を見ました」。球場で行われた元巨人監督川上哲治氏の野球教室で配られた、川上さんの下敷きを「ずーっと、大事に持っていました」と学生時代を懐かしみます。

帯広三条高校では野球部のマネジャーを務めました。「私が高校生になった時には、バックネットなんかもボロボロでしたね。先生とスコアを付けたり、選手と一緒にグラウンド整備をしました。そう、水撒きもやりましたよ」。脳裏には次々と緑ヶ丘球場での思い出が蘇ります。当然、今の仕事につながる〝ウグイス〟の話も、と期待します。ところが場内アナウンスは放送部員の担当で、谷保さんが高校時代この球場のマイクを握ることはありませんでした。

「放送部員の姿を見て、試合進行をやってみたいと思いました。テレビで甲子園大会を見ながら、アナウンスのマネをやっていましたね」。単に選手の名前を呼び上げるだけでなく、自らの声で試合をつかさどる仕事への憧れが膨らみます。卒業後は札幌市内の大学に進み、円山球場などで行われる大学野球のリーグ戦で場内アナウンスを担当。プロ野球への思いは一層高まりました。念願が叶い、１９９０

第２試合開始を待つ阪神選手 待機場所がバックネット前とは驚かされる

ベースを形取った石が かつて野球場だったことを偲ばせる

年2月にロッテ球団入社。1991年のシーズンから場内アナウンスに携わるようになりました。
研鑽を積んでいた3年目の1993年。故郷帯広から便りが届きます。老朽化が激しい緑ヶ丘球場の取り壊しが決まり、それを前に帯広三条高校野球部卒業生によるOB戦開催の知らせでした。公式戦も盛りの夏でしたが、それに参加するためだけに帰省。「アナウンスをマネジャーOGが交代でやりながら、ボロいスコアボードに得点を入れに行きました」。青春の思い出が詰まった球場の閉鎖はやるせない気持ちでしたが、高校時代憧れていた場所でアナウンスを実現できたのです。「ついに夢が叶い、よかった」。プロ野球での場内アナウンス歴31年。一軍公式戦担当が1928試合となった今でも、そこにカウントされない〝1試合〟の胸の高ぶりを忘れることはありません。
十勝の夏空に谷保さんの美声が響いて数ヶ月後の1993年10月。緑ヶ丘球場は47年の歴史に幕を閉じました。それ以降、十勝の野球人の想いは冒頭の帯広の森野球場に刻まれています。跡地はパークゴルフコースとして整備され、緑の芝生の上で初老の男女が楽しくボールを弾いていました。ベースがあった4カ所にはその形をした石が置かれ、かつてここに野球場があったことを偲ばせています。

（2021年7月26日）

調査協力：谷保恵美さん
写真提供：野球殿堂博物館

球跡45

単独本盗2を含む 1試合6盗塁が刻まれた【門司市営老松（おいまつ）球場】

本州と九州の結節点に位置する福岡県北九州市。関門橋が架かる門司港地区は近年、レトロ観光事業で注目を集めています。その門司港に暮らす人々の憩いの場となっている緑豊かな老松公園には、昭和20年代にわずか7年間だけ存在した門司老松球場がありました。軍の兵器製造所を経て公園になっていた場所に球場が完成したのは１９４８年春。４月25日にこけら落としの阪急対巨人戦を開催し、１万５０００人を集客。巨人の先発は藤本英雄で、レフトは平山菊二。ともに関門海峡を挟んだ対岸の山口県下関市出身とあり、スタンドから大きな声援を浴びました。試合は阪急が誇る二枚看板、天保（てんぽ）義夫、今西錬太郎両投手の継投が決まり、５対２で快勝しました。

1948年の門司老松球場

6月10日には大映と東宝の映画俳優による親善野球が行われました。当時は一般家庭にテレビは普及しておらず、映画が隆盛を誇っていました。大映からは伊沢一郎、小林桂樹。東宝からは斉藤英雄といった名俳優の参加に、球場はにぎわいました。北九州市は近年、映画やドラマの撮影が多く行われ「映画の街」としても知られていますが、その系譜はこの時代からつながっているのでしょうか。

プロ野球史に残る記録も刻まれています。1952年6月3日の大洋対名古屋9回戦で、名古屋の山崎善平外野手が1試合最多となる6盗塁を決めました。7番レフトで出場した山崎は、3回に安打で出塁すると次打者の2球目に二盗。内野ゴロで三進した後、大島信雄が打者のとき単独ホームスチール（本盗）を試み成功。7回にも安打で出塁し、次打者の初球に楽々二盗。内野安打で三塁へ進むと、打者牧野茂の3球目に単独の本盗を再び成功させました。

この時点で当時プロ野球記録の4盗塁に並んだ山崎は、9回に四球で出塁すると次打者の初球に二盗。息もつかずに2球目で三盗を決め、1試合6盗塁の新記録をいとも簡単に作りました。この記録は1989

跡地の一角はグラウンドになり、ソフトボールなどが行われている

関門トンネル博の際に作られた公園入口の噴水

年に、広島の正田耕三選手が6盗塁を決めるまで、37年間も単独のプロ野球記録でした。昨今の盗塁記録を鑑みれば、今後も破られることのない数字でしょう。また、1試合で本盗2はこの試合の山崎を含め3回ありますが、山崎以外はどちらも走者一・三塁でのダブルスチール。単独本盗を2回決めたのはこの試合の山崎だけという貴重な記録です。

開設当初は門司野球協会によって運営されていましたが、1950年8月から門司市（当時）に移管され市営球場に。社会人の都市対抗野球で全国制覇を果たした門司鉄道管理局の試合も多く行われましたが、市内大里地区の発展に伴い、そこに体育施設を集中することが決定。老松球場はわずか7年間の運用で、1954年に撤去されました。跡地は1958年に門司海底国道トンネル開通を記念して行われた「世界貿易産業大博覧会（門司トンネル博）」の会場を経て、再び公園として整備されソフトボール場が併設されています。

中日スポーツ記者の堤誠人さん（52）は老松公園の近くに実家があり、高校卒業までそこで暮らしました。「プレーをするのと同じぐらい、野球の記録にも興味がありました」と振り返る少年時代。山崎選手の6盗塁が地元の球場で達成されたことも、小学生時代には知っていたそうです。

グラウンドの隅には戦没軍人の忠魂碑が建てられている

「山崎さんの記録は、今も大里にある野球場で記録されたと思っていました。小学生の時、球場に隣接する競輪場内にあったトラックで陸上競技会があり、〝山崎さんはあそこで6盗塁を決めたんだ！〟と思いながら見ていました」と回想します。私と話し、昔の門司球場が「犬の散歩コースだった」老松公園にあったと知り、「いつもソフトボールをやっていた場所ですよ。まさか、あんな小さな公園にプロ野球をやった球場があったなんて夢にも思いませんでした…」と仰天しました。

小学生時代、山崎選手もプレーをしたと思いを馳せた地は勘違いでした。その代わり、無邪気にボールを追い駆け回った近くの公園こそ、球史に1ページを刻んだ場所だったのです。「私がプロ野球選手と同じ場所でプレーしたのは、平和台、小倉（現北九州）、八幡大谷に桃園（ももぞの）球場だと思っていましたが、老松球場も加わりましたね」。電話口の声が弾みました。

球場閉鎖からまもなく70年。人々の記憶から老松球場が薄れていっても、山崎選手が打ち立てた「1試合6盗塁」は、これからも球史に記され続けます。

（2021年8月27日）

調査協力：堤誠人さん

参考文献：「プロ野球記録大鑑」宇佐美徹也、「門司市史第二編」門司区役所

球跡46

南海ホークス栄光の歴史を刻んだ【大阪スタヂアム】

大阪における商業の中心地・難波。多数の鉄道路線が乗り入れミナミの玄関口として機能するこの地に、昭和の時代にあまたの球史を刻んだ大阪球場がありました。南海ホークス（現福岡ソフトバンクホークス）が、郊外に所有する中百舌鳥(なかもず)球場に代わる専用球場として1950年に建設し所有。終戦から5年。焼け跡にバラックが建ち並ぶ街に、こつ然と姿を現した鉄筋コンクリートの球場は「昭和の大阪城」とも言われました。

1951年7月に関西の球場としては初となるナイター設備も完成。難波の夜空に放たれる光彩は、復興途上にあった府民の心を潤す〝光〟になりました。南海のほか、近鉄、阪神、松竹と関西に居を構える球団が使用し、

関西で最初にナイター照明が備えられた
©ベースボール・マガジン社

球跡 46

大阪スタヂアム

ミナミの繁華街にあった大阪球場。
上方は南海電鉄難波駅

1988年10月15日 南海対近鉄25回戦終了後のスコアボード

この年は159試合を開催。1952年にフランチャイズ制度が始まると、南海、近鉄（1952～57年）が本拠地とし、1953、54年の2年間はセ・リーグの大洋松竹も名を連ねました。

それでも大阪球場の主役は南海でした。山本（後に鶴岡と改姓）一人（かずと）監督の下、1951年にパ・リーグ初優勝を飾ると、そこから3連覇を含み5年間で4度のリーグ制覇。日本シリーズでは巨人にことごとく敗れましたが、セの巨人、パの南海として二リーグ分立直後のプロ野球の2枚看板になりました。その時代に活躍した一塁飯田徳治、二塁岡本伊三美、三塁蔭山和夫、遊撃木塚忠助は「100万ドルの内野陣」と言われ、華麗な守りと力強い打撃で大阪球場を埋めたファンを魅了しました。

球場が最もにぎわったのは1959年のシーズンでした。入団2年目の杉浦忠投手が38勝4敗と獅子奮迅の活躍を見せ、4年ぶりにリーグの覇権を奪回。前年逆転優勝を許した西鉄との対戦は黄金カードとなり、主催66試合で球団新記録となる85万8869人を動員しました。日本シリーズでは杉浦の4連投4連勝の離れ業で、宿敵巨人を倒し悲願の日本一に。それを祝し大阪球場前をスタートして行われた〝御堂筋パレード〟には、沿道に20万人以上が詰めかけ紙吹雪が乱舞しました。

広島を初の日本一に導いた「江夏の21球」の白熱のドラマも、ここが舞台でした。近鉄と広島が戦った1979年の日本シリーズ第7戦。小雨が降る中での9回裏、4対3とリードしていた広島が無死満塁のピンチに見舞われます。ここから江夏豊投手は、佐々木恭介を三振に斬り、続く石渡茂のスクイズを見抜き、三塁走者藤瀬史朗を塁間で刺します。直後に石渡から三振を奪い、広島が初の日本一を決めました。歓喜と悲劇が交錯した深みのある戦いは、今も名勝負として語り継がれています。

パ・リーグ初年度の1950年から1966年までの17年間で9度のリーグ優勝。それ以外の8年はいずれも2位と圧倒的強さで黄金時代を誇った南海も、1973年の優勝を最後に低迷期に突入します。1978年〜1986年の9年間は最下位5回、5位4回。繁華街のド真ん中で球場の外には多くの人がいるのに、大阪球場のスタンドだけは閑古鳥が鳴く惨状が続きました。そして1988年、球団を保有する南海電鉄はホークスのダイエーへの譲渡を決定し、本拠地も福岡へ移転することにな

跡地は商業施設や公園になっている

ホームベースがあった位置に埋められた記念プレート

商業施設の９階にあるメモリアルギャラリー

1979年日本シリーズ第７戦「江夏の21球」のチケット

りました。

　南海として最後のゲームとなった10月15日の近鉄戦には３万２０００人の観衆が詰めかけました。ミナミのビルの谷間に夕日が沈み、暮れなずむ大阪球場に監督の杉浦忠が立ちました。「ホークスは不滅です。ありがとうございました、行ってまいります」。サヨナラではなく「行ってまいります」と言った杉浦の気持ちに、多くのホークスファンが涙を流しました。

　大阪球場は翌１９８９年からの２年間で、後身の福岡ダイエーホークス戦も含め17試合を行いましたが、難波地区の再開発計画に伴って閉鎖が決定。41年間で３０４９試合の公式戦を行い、野球場としての使命を終えました。球場取り壊し前には以外な活用方法で注目を浴びます。何と住宅展示場となり、熱戦を繰り広げたグラウンドの至る所に大小の住宅が建てられたのです。これは宮部みゆきの推理小説『火車（かしゃ）』の謎解きの材料にも使われました。

　１９９８年10月に完全閉鎖され、球場も解体された跡地は「なんばパークス」として商業施設や都市公園などで構成された複合施設に生まれ変わり、多くの人が行き交っています。かつて投手板とホームベースがあった位置には記念プレートが埋められ、在りし日の球場を偲ぶことができます。また、商業施設の9階にはメモリアルギャラリーがあり、南海ホークスに関連する記念品が展示され、懐かしい映像も放映されています。

（2021年9月24日）

参考文献：「開場40周年記念 大阪球場写真集」大阪スタヂアム興業株式会社

写真提供：野球チケット博物館、ベースボール・マガジン社、野球殿堂博物館

球跡47 日本で唯一シャンツェを併設した野球場【函館市民球場】

世界三大夜景の街と賞される北海道函館市。函館山から見渡す魔法の輝きに、多くの観光客が魅了されます。山頂へのロープウェイがある山麓駅周辺も、晴れた日には本州の下北半島が望める風光明媚な場所です。近くにある青柳中学校の敷地の一角には「函館市民運動場」の石碑が建っています。ここはかつて、野球場のほかテニスコートや大弓場（弓道場）などを併設した総合グラウンドでした。

１９３６年10月の昭和天皇の行幸を記念して建設され、１９４０年７月に完成。その設計には、１９３４年の日米野球のために結成された全日本チームにも参加し、函館太洋倶楽部で活躍した久慈次郎氏もかかわっていました。

シャンツェがあった付近から望む函館市民球場（1948年）

市民運動場建設の話しが持ち上がった時、久慈は同倶楽部の選手兼監督の傍ら市会議員（市議会議員）を務めていたのです。

巨人、大洋、南海、黒鷲の4球団が、北海道初となる公式戦のため青函連絡船で津軽海峡を渡り、この球場を訪れたのは１９４２年６月13日でした。１９３６年に始まったプロ野球が九州、四国で公式戦を開催したのは戦後のこと。すなわち、この日の第１試合大洋対黒鷲６回戦は、本州以外で行われた初の国内公式戦でした（満州では１９４０年８月にリーグ戦を開催）。

「空は紺碧　野球日和　どっと観衆五千！」初夏の港町で開催された熱戦を、主催の小樽新聞（読売新聞の姉妹紙）は感嘆符入りの見出しで伝えています。試合前には開会式を行い４球団、全92選手が入場行進。マウンド付近に整列したその選手たちが、驚きの表情で右翼ポール際のスタンドを見つめていました。視線の先には何と、スキージャンプの小型シャンツェ（ジャンプ台）が設置されていたのです。

夏は野球、冬はスキー。北国ならではの

写真提供：野球殿堂博物館

屋根のない三塁側ベンチに陣取る大陽ナイン（1948年）

試合前に健闘を誓う巨人・千葉茂（中央）と大陽・藤井勇（右）（1948年）

趣向でした。「野球場でスキージャンプ」は今では考えられませんが、1938年の新春に後楽園と甲子園でスキージャンプの第1回全日本選抜大会が開催されています。スタンドの傾斜を活用し、特設の木造やぐらを組みジャンプ台を設置。そこに北国から貨車で運んできた雪を敷き詰めました。しかし、シャンツェが常設された球場はここだけでした。久慈が特設ジャンプ台に設計のヒントを得たか定かではありませんが、生前は名スキーヤーとしても鳴らしていました。日本で唯一の「シャンツェを併設した野球場」が、彼のアイデアだったことは間違いないでしょう。

残念ながら、開会式に久慈の姿はありませんでした。1939年8月に札幌円山球場で行われた北海道樺太実業団野球大会の試合中、球禍により落命したのです。市民運動場完成1年前のことでした。現役時代の闘志あふれるプレーを称え、社会人野球の都市対抗野球大会に久慈賞としてその名を残す〝球聖〟は、1959年に野球殿堂入りを果たしています。

函館市中央図書館が所蔵する「函館公園観光之栞(しおり)」に市民運動場の平面図があり、野球場の右翼ポー

函館公園観光之栞：函館市中央図書館所蔵

函館市民運動場の平面図 右翼側に「シャンツェ」がある

青柳中学校の敷地に残る「函館市民運動場」の碑

ル際にはシャンツェの文字とジャンプ台が記されています。そのシャンツェで「22メートル飛んだ」と語るのは市内在住の納代（なしろ）正信さん（91）です。

子供のころから野球とスキージャンプに興じ、函館中（現函館中部高）では１９４６年の第28回全国中等学校優勝野球大会（西宮球場）に、市民球場での予選を勝ち上がり道代表で出場しました。「その年の冬でしたかね、市内の生徒６人ほどが参加した小さなジャンプ大会がありました。優勝した子は24メートルぐらい飛んだのかな」と75年前の記憶をたどりました。納代さんが演じた「夏は野球、冬はスキージャンプ」の〝二刀流〟に、天国の久慈も微笑んだことでしょう。

校庭から望む函館山 山頂の白い建物が展望台

学校前の函館公園から望む津軽海峡 遠くに下北半島が見える

生前最後のユニフォーム姿の久慈次郎

「ライトの後ろが斜面になっていたので、その傾斜を生かして造られていました。最長でも25メートルほどしか飛べないスモールヒルでしたが、それまでは愛宕山の広場にほんとうに小さなジャンプ台しかなかったので貴重でしたね」。久慈の功績を称えました。

函館太洋倶楽部の拠点としても重要な球場でしたが、1951年7月に市内千代台町に千代台球場（現函館オーシャンスタジアム）が完成したこともあり、わずか10数年で閉鎖。跡地は1954年7月に開催された北洋博覧会の会場を経て、翌年潮見中学校として開校。2018年4月から近隣3校が統合して青柳中学校になりました。

航空写真では、球場だった地形を生かし校舎が建てられたことはわかりますが、シャンツェがあったと思われる辺りは草木が生い茂り、形跡を見つけることはできません。

（2021年10月29日）

調査協力：納代正信さん、函館市中央図書館、函館市役所
参考文献：「函館オーシャンを追って」小林肇、「函館散策案内」須藤隆仙、「小樽新聞」1942年6月14日
写真提供：久慈雅子さん、野球殿堂博物館

球跡48

米軍戦闘機の爆音にKOされた215勝右腕

【新潟白山（はくさん）球場】

新潟県初の本格的野球場となる新潟白山球場の開場は１９３７年６月でした。国鉄（現ＪＲ）新潟駅の北を流れる信濃川両岸の埋立事業により、白山公園の一角も造成されることになり、野球場のほか陸上競技場、庭球場を有する白山総合運動場として完成しました。

その白山球場で県下初のプロ野球が開催されたのは一リーグ時代の１９４８年５月13日。中日と阪神が新潟、長野、松本と信越地方を転戦する初戦でした。新潟市に進駐していた米軍の軍政副部長、ジョーンズ氏による始球式も行われた試合は、平日開催にもかかわらずスタンドは満員札止め１万５０００人で埋まりました。

出典：新潟商硬式野球部創部100年史

新潟県初のプロ野球が開催された新潟白山球場

白山公園内にあり陸上競技場や体育館が隣接していた

跡地には震災義援金などで県民会館が建設された

当時鉄道は電化されておらず、選手たちは地方遠征で長時間の移動を強いられました。反面、ゲームでは地元主催者から賞金や賞品が提供される〝うまみ〟がありました。この日はひと際豪勢で、最高殊勲賞、勝利賞、打撃賞、盗塁賞、打点賞に美技賞。敗戦チームに残念賞までありました。中日先発の近藤貞雄投手は、開幕2戦目の阪神に勝って以降1カ月以上白星から遠ざかっていましたが、この試合は１３８球の力投で1失点完投。中日が4対1で勝利し、近藤が最高殊勲賞を獲得しました。

その白山球場にほろ苦い思い出が残るのは、１９５０年代に中日の大黒柱として活躍した杉下茂さん（96）です。入団2年目、１９５０年8月22日の西日本戦に先発した試合でのことです。この日の新潟市は信濃川の川開き祭りでにぎわっていました。それも祝し、始球式のボールを上空から投下するという趣向でした。ブルペンで投球練習をしていると、米軍のジェット戦闘機が爆音を発しながらやって来ました。

「センター方向からジャーと来てボールを落として行きました。爆音がものすごくて、これは怖かった。後にも先にも、野球をやっていて怖かったのはこの時だけです」。始球式のボール投下といえばヘリコプターを連想しますが、この日はジェット戦闘機だったのです。それが低空で飛来したとなると、その爆音は想像を絶するものだったでしょう。

見上げた、新潟の夏空。終戦から5年経ったとはいえ、かつては敵国だった米軍機の爆音に戦時の悪夢が蘇った選手も多かったでしょう。1回表のマウンドに立った西日本の林茂投手も心を乱されたのか、いきなり連打と四球で一死満塁のピンチ。5番杉浦清を併殺打に仕留め、なんとか無失点で切り抜けました。

その裏、マウンドに上がった杉下さんでしたが動揺は治まっていませんでした。先頭の平井正明を中前安打で出すと、2番塚本博睦に右越え二塁打、3番永利勇吉に左前安打と連続タイムリーを許し、あっさり2失点。その後も2安打に自らの失策もからみアウトが奪えません。結局、打者6人に28球を投げたところで降板を命じられました。

先発を任され1死も取れずにKOは、前年4月17日の大映戦（鳴海）に続き2度目でした。新人の年は肩の調子が万全でなかったこともあり8勝（12敗）止まりでしたが、2年目はこの試合前までにチーム最多16勝の活躍。西日本戦は4試合で3勝を挙げ、29イニングで3失点。防御率0・93と圧巻の成績を残していました。それがこの日は0／3イニングで5失点（自責点3）。実働11年で525試合に登板した杉下さんが「後にも先にも…」と語った動揺ぶりは、数字からも伝わって来ます。

肩を落としベンチに下がった杉下さんは、すぐに宿舎に戻されました。「ゲーム前の練習でケガをした選手がいて、〝スギ、面倒を見とれ〟と言われてね。旅館に帰って冷やしてあげましたよ」。この年の27勝を皮切りに、以後6年連続20勝以上をマーク。NPB通算215勝を挙げた杉下さんですが、24歳の夏に新潟で喫した「1敗」も脳裏から消えることはありません。

球場は白山駅から近く利便性に富み、1960年代前半まで高校野球県予選のメイン会場として使用されました。しかし、1964年6月16日に発生した新潟地震（マグニチュード7・5）により損壊。建設から30年近く経ち施設の老朽化が進んでいたことと、その前年に鳥屋野潟（とやのがた）に新球場が完成していたことで、解体撤去されることになりました。

跡地には全国から届けられた義援金や復興支援金を元に1967年に新潟県民会館が建設されました。白山公園内にはこの他に前述の陸上競技場や1960年竣工の体育館などもあり、多くの市民が集いにぎわっています。

（2021年11月30日）

参考文献：「1950年の西日本パイレーツ」塩田芳久
写真提供：新潟商業硬式野球部

球跡49

「校庭」で行われた福井県初のプロ野球

【福井市立福井高校グラウンド】

東京2020オリンピックの開会式が行われた2021年7月23日。福井県の県立歴史博物館では「福井県野球物語」という同県の野球の歴史や選手にスポットを当てた特別展が始まりました。250点近い展示資料の中で、1930年代後半に撮影された試合風景の写真が目を引きました。

右翼後方からホームベース方向をとらえた1枚にはネット裏の鉄傘が写り、一塁側にかけてのスタンドは満員の観客で埋まっています。バックネット上方に翻る新聞社の旗から、試合は夏の中等学校野球大会の県予選でしょうか。一見では公設の野球場に見えますが、福井市立福井商業学校（当時）の校庭なのです。

写真提供：福井県立歴史博物館（個人蔵）

鉄傘を備えたスタンドがあったころの福井商業グラウンド（1930年代後半）

金属回収令が発せられる1943年までは一塁側に10段のスタンドがあった

1908年に創立され100年以上の歴史を誇る伝統校

これまで甲子園大会に計39回（夏22、春17）出場と県下最多を誇る福井商業が、現在地に移転したのは１９３０年春。同時に、ネット裏に鉄傘も備えた鉄骨製スタンドの本格的〝野球場〟を造りました。福井県における最初の公設野球場は１９４８年10月開場の福井市営球場ですが、それを20年近くさかのぼった時代に、公立学校の校庭に約２０００人収容のスタンドを有する施設があったとは驚きです。しかも、鉄傘がある球場は全国でも甲子園、鳴海、藤井寺ぐらいと希少でした。

4月下旬には1週間に渡りグラウンド完成記念の野球大会を開催。明星商、岐阜商、浪華(なにわ)商、舞鶴中、膳所中など中等学校の強豪チームはもちろん、東京六大学から早稲田が、社会人野球からは東京、名古屋、長野、大阪の各鉄道局が集結しました。この時、福井県の中等学校野球は敦賀商業が夏の全国大会に5年連続出場中と全盛を誇っていただけに、福井市は施設面の充実を含め、福井商業の強化で勢力図の書き換えに躍起だったのでしょう。

その校庭でプロ野球が開催されたのは、戦後の１９４８年4月26日でした。この年の4月1日、学制改革により福井商業と福井女学校が合併し「福井市立福井高校」となったグラウンドに、大陽と急映が来校。月曜日でしたが、県下初の公式戦とあり約１万人が詰めかけます。しかし、観衆が座るはずのスタンドはありませんでした。

太平洋戦の戦局悪化により、軍需物資が極度に不足してきた１９４３年。５月に発せられた金属回収令により、スタンドとバックネットは生徒たちの作業により取り壊され、金属部分は国へ供出されたのです。戦後、バックネットは再設置されましたが、スタンドは再建されませんでした。したがって、福井県初のプロ野球は、スタンドはもちろん外野フェンスもない校庭のグラウンドを、何重にも取り囲んだ観衆が見つめる中で行われたのです。試合は大陽が7対6と打ち勝ちました。

前述の通り、この年10月に市営球場が完成。「校庭でのプロ野球」はこの試合だけでしたが、その後このグラウンドから多くの選手がプロ野球へと羽ばたきます。１９９５年、広島に入団した横山竜士投手を始めとし、今年の日本シリーズでＭＶＰを獲得したヤクルト中村悠平捕手など7人。福井県

黒土の内野グラウンド 訪れた日はそこで体育祭の練習が行われていた

いまネット裏には屋根付きの小さな見学席がある

の公立高校では敦賀（前身の敦賀商も含む）と並び最多タイです。「敦賀に追いつけ、追い越せ」と意気込み、校庭に鉄傘のあるスタンドまで作った90年前の関係者の思いは通じたと言えるでしょう。

２００２年に広島へ入団し、華麗な外野守備で野球ファンを魅了した天谷宗一郎さん（38）は福井商業出身です。甲子園出場を目指し練習に励んだグラウンドで、プロ野球の公式戦が行われたという歴史は初耳で「あそこで、そんなことがあったのですか」と驚きました。「公立高校の校庭なのに、内野のグラウンドには黒土が入っていて立派でした」と懐かしみ、「グラウンドの近くに部室もあって、ありがたかったです。ＯＢ会の力の凄さを感じますね」と、伝統の尊さをかみ締めました。

近年は２０１５年春の選抜大会で全国制覇を達成した私立敦賀気比（けひ）の台頭もあり、甲子園への道は容易ではありません。それでも北陸の厳しい冬空の下、73年前に福井県のプロ野球史の扉を開いたグラウンドで、節目となる40回目の晴れ舞台を目指し球児たちが白球を追っています。

（２０２１年12月24日）

調査協力：天谷宗一郎さん、福井県立歴史博物館
参考文献：「福井県野球物語」福井県立歴史博物館、「福井県立福井商業高等学校野球史」森永忠雄
写真提供：福井県立歴史博物館、福井県立福井商業高等学校

球跡50

西鉄初の満塁本塁打が刻まれた【大牟田三川鑛球場】

福岡県南部に位置する大牟田市は、かつて炭鉱の街として栄え「炭都」とも言われました。三井三池炭鉱は20あまりの坑口を持ち、最盛期には全国の石炭の4分の1を掘り出し日本のエネルギーを支えました。

大牟田市の公設球場完成は1951年の大牟田延命球場ですが、プロ野球との関係はそれより早く、1940年に名古屋（現中日）が春季キャンプをこの地で行っています。詳しい場所は不明ですが、各炭鉱住宅はグラウンドを有し野球部も結成していたので、名古屋はどこかの炭鉱グラウンドを拝借したのでしょう。

三池港に近い三川坑は1940年に開坑しました。その炭鉱住宅にもグラ

西鉄球団初の満塁本塁打が刻まれた大牟田三川鑛球場

© 西日本新聞社

ウンドはありましたが、１９４８年に石炭を貯蔵する貯炭場の一角に周囲をフェンスで囲んだ野球場を建造。大牟田三川鑛球場として、10月に南海対大陽のオープン戦が行われました。１９４９年には東京大学が冬季合宿を行い、四ツ山や三川の炭鉱野球部と対戦した記録も残ります。

プロ野球の公式戦初開催は二リーグに分立した１９５０年。福岡市を拠点に誕生した西鉄が、３月25日から始まった県内初のお披露目シリーズで29日に阪急戦を行いました。主催の大牟田市共同募金委員会は「愛の公式試合」と銘打って盛り上げ、地元民間放送局の菰原放送は市内各所のスピーカーから実況放送を流す熱の入れようでした。

三井三池炭鉱の社宅対抗野球大会（グラウンド不明）

JR 大牟田駅 かつては炭鉱の街としてにぎわった

ところが、球場入りした選手たちは施設のあまりの粗末さに悲鳴をあげました。球場のフェンスが低いことに加え、両翼までの距離88・４メートルはまだしも、センターは１０３・7メートルしかありません。当日のスコアカードに「凹凸多し」とあるようにグラウンド状態も悪く、雑誌「野球界」の１９５０年６月号には「ヒドイ球場だなあ」との選手コメントとともに、「よく公式戦を許可したと思われた」とまで記されていました。

航空写真を見ると、球場はグラウンドをフェンスで囲っただけで、スタンドはもちろんスコアボードやバックスクリーンも確認できません。終戦から5年のこの時期は、労働者の失業対策もあり各地に立派な公設の新球場が完成していたので、選手たちの嘆きもうなずけます。

試合は球場環境を反映したのかのような乱戦となりました。荒れたグラウンドで両軍合わせて6失策を記録。5本塁打が飛び交い、双方が2ケタ得点を挙げた打撃戦はおひざ元の西鉄が12対10で勝ちました。そんな中、3回裏1死満塁の好機に西鉄の兼任監督を務める宮崎要二塁手が、阿部八郎投手から左中間に打ち込んだ一発は、球団初の満塁本塁打でした。翌年にセ・リーグの西日本と合併し西鉄ライオンズとなり、今は埼玉西武ライオンズとして球史を重ねるチームの記念すべき第1号満塁本塁打は大牟田三川鑛球場で刻まれたのです。

現在は関西地方に住む上田茂さん（73）は野球場に近い新港町の炭鉱住宅に生まれ、1967年まで20年近く暮らしました。「社宅の敷地内にグラウンドがあって、小学生の時はよくソフトボールを

跡地は更地となり球場の痕跡は皆無である

敷地の一部には貯炭場として石炭が積まれている

やりました。社宅対抗の大会があり盛り上がりました」と少年時代の記憶をたどりました。新港町と三川鑛球場は直線距離で500メートルほど。プロ野球開催時は2歳でしたが、小学生の頃に一度だけ球場を見たそうで「確か、社宅のグラウンドよりいいのがありました」と、かすかな記憶が残ります。三池炭鉱は1997年に閉山し、その歴史も語られることが少なくなったいま、野球場を知る人は貴重な存在です。

前述のように球場状態があまりにも悪かったことと、翌1951年3月に市営延命球場が完成したことで、三川鑛球場での公式戦開催は1試合だけでした。球場は1962年の航空写真に写っていますが、1966年の写真では確認できません。この間に撤去されたのでしょう。

跡地は更地に整備され、その一部は貯炭場として今も石炭が積まれています。近くにある火力発電所の稼働燃料として、途絶えることなく輸入されているそうです。かつては炭都としてにぎわった街に輸入石炭。時代が移ろい、炭鉱の街に存在した野球場が話題になることもないようです。

（2022年1月28日）

調査協力：上田茂さん、松永一成さん、大牟田市立図書館
写真提供：松永一成さん、西日本新聞社

球跡51

「試合始め！」で行われた山陰初のプロ野球【松江市営球場】

山陰のほぼ中央に位置する島根県松江市。ＪＲ松江駅北側に架かるくにび き大橋を渡り、３分ほど歩くと総合体育館などがある北公園に着きます。その一角、いまは多目的広場となっている場所に松江市営球場がありました。

日本野球機構ホームページの球場データでは当初、開場年を１９４９年としていましたが、山陰の郷土史を研究している鳥取県米子市在住の入江陽介さん（40）から「場所は特定出来ていませんが、１９４０年に非公式戦ながら〝松江球場〟でプロ野球の試合が行われているようです」と連絡がありました。再調査してみると松江市営球場は１９３２年７月に開場しており、試合はこの球場で行われたことが判明しました。

1956年、上空からの松江市営球場

跡地は北公園として整備され多目的広場になっている

北公園内には総合体育館もあり市民が集っている

主催者は地元の松江体育協会でした。１９４０年10月14日に巨人対阪急のオープン戦を開催。その前日、西宮球場で公式戦を戦った両軍選手は、試合後大阪駅午後9時30分発の大社行き夜行列車に乗車。およそ11時間夜汽車に揺られ、松江駅到着は試合当日の朝8時29分という強行日程でした。公式戦開催中のオープン戦とあり、参加選手は両チーム合わせて28名。審判も球審を務める金政卯一が同行しただけで、塁審は地元のアマチュア審判員に依頼。それでも山陰初のプロ野球開催とあり、スタンドは満員の観衆で埋まりました。試合開始前、その観衆が一斉に起立し、グラウンドに整列した選手とともに東を向き拝礼しました。天皇への忠誠を誓う宮城遥拝（きゅうじょうようはい）に、時世が垣間見えます。

また、連盟はこの時期、第2次近衛内閣による外交政策の新体制運動対策で、一部の英語使用を禁止しました。9月15日開幕の秋季戦から、プレーボールを「試合始め」、タイムを「停止」、ゲームセットを「試合終わり」として実施したのです。1回表、巨人先発の泉田喜義（いずみだきよし）投手がマウンドに立ち、試合開始のサイレンが鳴り響く中、金政球審が「試合始め！」と高らかに宣告。山陰初のプロ野球は戦時を色濃く反映した中での開催でした。

野球場はその後、隣接する陸上競技場とともにスタンドが取り払われ一面の広野となり、戦時中はグライダーの滑降練習場として使用されました。スタンドが再築され、野球場として利用再開されたのは１９４９年7月。プロ野球公式戦初開催は二リーグ分立の１９５０年でした。以降、１９５５年までの6年間に10試合行われましたが、その最後の試合となった１９５５年5月22日のトンボ対西鉄5回戦では、リーグ史に残る記録が刻まれました。

西鉄の1番セカンドで出場した仰木彬（おおぎあきら）内野手は、初回先頭打者でレフト前安打を放つと、3回の2打席目は遊撃手を強襲する二塁打。さらにこの回、打者一巡で回って来た3打席目に左翼席へ5号本塁打を叩き込み、早くも3安打の猛打を記録しました。

こうなると20歳の若武者のバットは止まりません。6回の4打席目にプロ初となる4安打目をバントヒットで決めると、7回の5打席目は左翼手の頭上を越すシングルヒット。あっさりとリーグタイの5安打をマークしました。そして迎えた9回の第6打席。4番手の相沢進投手から、レフトポール際へこの日2本目のアーチを架け、パ・リーグ新記録となる「1試合6安打」を樹立しました。

1試合最多安打は一リーグ時代の１９４９年11月19日に大下弘（東急）が記録した7安打ですが、二リーグ制となった１９５０年以降では6安打が最多で、この試合の仰木を含め両リーグでわずか6人の快記録。パ・リーグではその後、２００３年に城島健司（ダイエー）が達成するまで、半世紀近くも仰木に肩を並べる選手は現れませんでした。
仰木はその後、1994年からオリックスの監督に就任。二軍選手だったイチロー（当時は鈴木一朗）を一軍に大抜擢し、二人はいつしか師弟の間柄となりました。稀代の安打製造機イチローが、日米通算3604試合で一度も記録できなかったのが、このゲーム6安打でした。
野球場は周辺道路の整備事業もあり1974年秋で閉鎖が決定。11月3、4日の2日間「松江球場さようなら行事」として市内の中学生、高校生らによる野球大会を開催し、42年間の歴史に幕を下ろしました。その後、新球場は1979年に市内上乃木（あげのぎ）に陸上競技場、庭球場、フットサルコートなども備えた総合運動公園として開場。プロ野球はパ・リーグ公式戦が8試合開催されています。

（2022年2月25日）

調査協力：入江陽介さん、松江体育協会
参考文献：「創立90周年記念誌」松江体育協会

球跡52

北海道のアマチュア野球の檜舞台

【札幌市営中島球場】

「アジア最北の歓楽街」といわれる北海道札幌市のススキノ。そこから南へ５分ほど歩くと、都会のオアシスと称される中島公園があります。四季折々、さまざまな表情を見せ市民憩いの場所となっているこの地に、北海道の球史を刻んだ市営中島球場がありました。

その歴史は古く、開設は１００年以上も前。１９１８年に開催された北海道博覧会の会場跡地を整備して造られました。球場と言っても戦前はバックネットとベンチだけがある〝草っぱら球場〟でしたが、外国チームを招いて国際親善試合や、全道規模の少年野球大会が開催されました。

近代的野球場に生まれ変わったのは１９４９年。札幌市の「創建80周年自

1949年７月の新球場開き。外野後方に藻岩山を望む

市民のオアシス中島公園の一角にあった

記念事業として急遽着工が決まり わずか78日間で完成した

治50周年記念事業」の最大事業として、両翼94メートル、中堅111メートル、2万人収容のスタンドにスコアボードも備えた新球場が完成しました。

プロ野球は1951年から53年にかけて5試合を開催。1951年8月10日に行われた巨人対名古屋17回戦では、名古屋打線が球史に残る猛打を見せます。巨人が繰り出した先発の中尾碩志（ひろし）投手を含む3投手から毎回の21安打。しかも出場選手全て（9人）が2安打以上の「出場全員マルチ安打」を記録。先発全員マルチ安打はこの試合も含め9回ありますが、出場した全員がマルチ安打を記録したのは90年近いプロ野球で、この日の名古屋打線だけです。

札幌市における戦後のプロ野球は主に円山球場が舞台で（351試合開催）、中島球場ではアマチュア野球を開催。北海道の野球選手にとっては檜舞台で、「北の甲子園」であり、「北の神宮」であり、「北の後楽園」でした。北海道野球協議会の理事長を務める柳俊之さん（74）は、小学生の時に両親と一緒に客席で社会人野球を観戦。「内、外野のスタンドいっぱいにお客さんが入っていました。初めて見る光景で、子ども心に〝自分もこのようなところで野球をしたい〟と思いました」と、衝撃的だった記憶を鮮明に覚えています。

岩見沢東高校1年生の6月、憧れの中島球場で行われた第2回春季全道大会に控え選手ながらベンチ入り。3年生となり迎えた4回大会ではエースとしてマウンドに立ち、チームをベスト4に導きました。

その後関東での大学生活を経て、地元の電電北海道に入社。再び中島球場が主戦場になりました。

内野スタンドが低く、選手との距離感が近いのがこの球場の特徴でした。「投球練習をするブルペンは一・三塁のファウルグラウンドにありましたが、手を伸ばせばスタンドに届く距離。職場の仲間たちが近くまで来て、声をかけてくれるんです。力になりましたよ」。１９７０年から７８年まで９シーズン選手、監督として在籍し、後楽園球場で行われた都市対抗野球には１９７１年から補強を含めて8年連続出場。大昭和製紙北海道（白老町）の補強で出場した１９７４年の第45回大会では、見事に初優勝。後楽園のマウンドで躍動し、ＭＶＰにあたる橋戸賞を獲得した右腕は「中島球場も投げやす

完成時は「東北・北海道随一の大球場」と言われた

跡地は公園として再整備され一角には道立文学館が建つ

くて、いい感じのマウンドでした」と、郷里の聖地を懐かしみます。

忘れられない情景があります。監督としてチームを率いて2年目の1977年。都市対抗野球北海道地区の代表を決める決勝リーグ戦を勝ち抜き、中島球場で胴上げをされました。「あの時、スタンドで応援していた会社の仲間たちの盛り上がりは凄かったですね。後で写真を見たら、胴上げに合わせてみんながバンザイ、バンザイとやっているんです」。少年時代にその後の道しるべとなった場所で迎えた、野球人としての至福の時間でした。

全道の野球選手から愛された球場でしたが、街の発展により周辺が都心となったため、中島公園の利用計画も変更され、1977年ごろ麻生地区への移転が決定。1980年7月の社会人野球大会をもって、60年以上の歴史に幕を閉じました。跡地は公園として再整備され、一角には北海道立文学館が建てられています。


（2022年4月1日）

1955年に中島球場で行われた全早慶戦のチケット

調査協力：柳俊之さん、札幌市公文書館
参考文献：「プレイボール！―北海道と野球をめぐる物語―」北海道博物館
写真提供：札幌市公文書館、野球チケット博物館

球跡 53

ベーブ・ルースが本塁打を放った日米野球の舞台

【富山神通（じんづう）球場】

日本に野球が伝来して150年。1931年と1934年の全米選抜チームの来日は、今もプロ野球誕生前夜の球史を彩ります。1934年には大リーグの本塁打王ベーブ・ルースも来日して、全国12都市を転戦し18試合を興行。11月13日に北陸地方では前回大会も含め初となる試合が富山県富山市で行われました。その舞台となったのが富山神通球場（当初は神通グラウンド）です。

当時、富山市内には野球の興行を行える施設がなかったので日米野球開催を機にグラウンドを新装。場所は市中心部を大きく蛇行して流れていた神通川を直線化する工事で出来た廃川地でした。

当日は午後2時試合開始でしたが、午前7時ごろからファンが集いました。

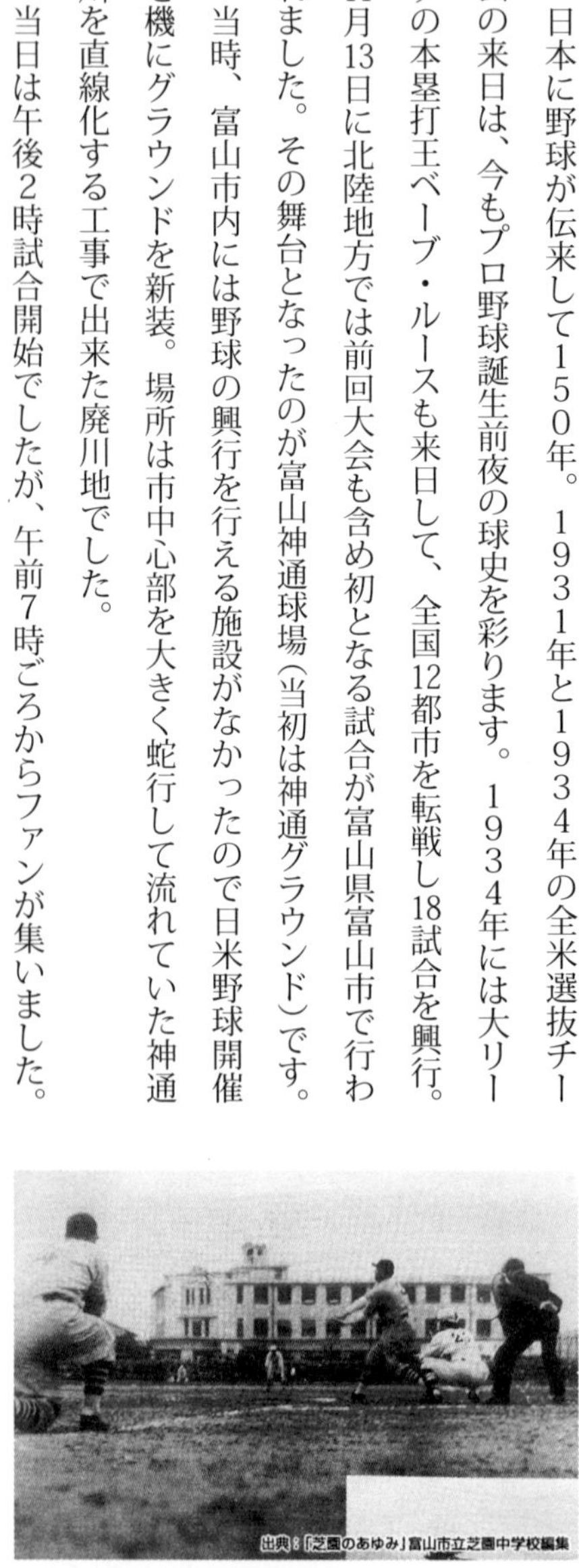

神通グラウンドで行われた日米野球（1934年11月13日）

カメラに向かってポーズを決めるベーブ・ルース

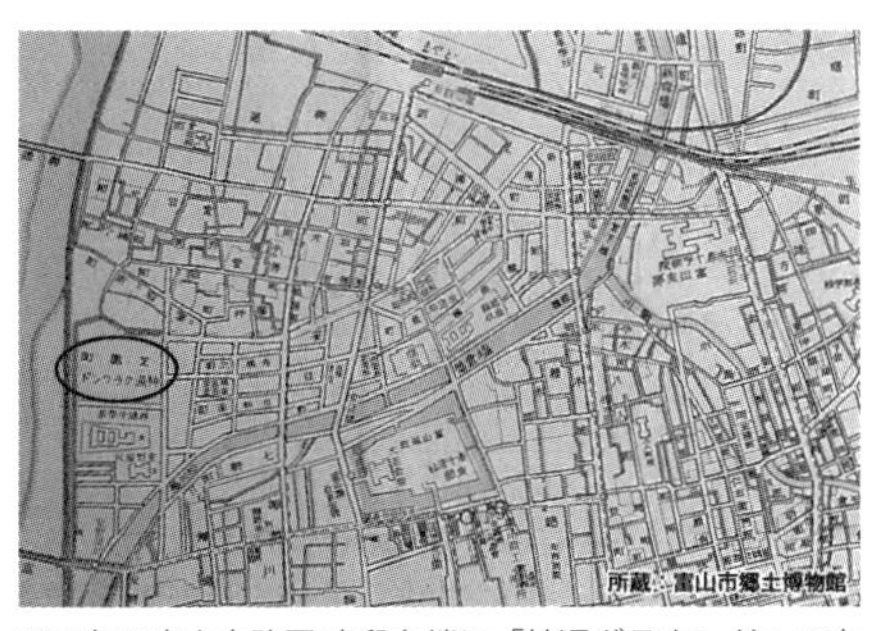

1940年の富山市略図 中段左端に「神通グラウンド」の表示がある

金沢市から臨時列車が運行され、高山方面からも団体客が来場。富山県のみならず周辺各県から人々が押し寄せ、板で外周を囲んだグラウンドの観衆は2万人を超えたと地元新聞は伝えています。

試合は全米打線がベーブ・ルースの一発を含む3本塁打、11安打と活発で14得点。一方の全日本は先発のホワイトヒルに3安打と牛耳られ無得点。14対0で全米が圧勝しました。当日の新聞に「野球戦そのものは東京相撲と田舎相撲以上のハンディキャップはいなめず」と記された通りの結果でしたが、北陸や信越の野球ファンに多くの夢と感動を与えた一戦であったことは想像に難くありません。

中でも4回裏から登板した当時17歳の沢村栄治投手はベーブ・ルースから三振を奪うなど、5イニングを3安打に抑え観衆の注目を集めました。今も語り継がれる、8イニングをルー・ゲーリックの本塁打による1失点に抑えた静岡草薙球場での快投は、この試合から1週間後のことでした。

その後、太平洋戦争により荒廃した神通グラウンドは1948年6月、中堅まで360フィート（109・7メートル）、5000人収容のスタンドを備えた北陸第一の規模に改装され、富山神通球場になりました。プロ野球は直後の7月19日の阪神対南海戦を始めとして5試合を開催。1949年4月27日の巨人対大映戦では、プロ野球史上第1号となる「幻の本塁打」が記録されました。

午後1時43分のゲーム開始時は曇り空でしたが、途中からあいにくの雨中戦となりました。外野の膨らみが小さかったことに加え、マウンドの足場が悪くなり両軍投手は悪戦苦闘。6回までに7本塁打が飛び交う乱打戦となりました。9対13とリードされた巨人は7回裏、先頭の平山菊二が左前安打で出塁すると、続く山川喜作は大映の野口正明投手から右中間へ2ラン本塁打を放ち、2点差と迫りました。ところがその直後、雨脚が強くなりゲームは中断。グラウンドはあっという間に水浸しとなり、14分後にコールドゲームが宣告されました。

この試合の場合、現在の規則では巨人の得点は全て有効となります。しかし、当時の規則では放棄試合やコールドゲームの場合、有効となる記録は「表裏平等に攻撃した均等回まで」とされていたのです。この試合は7回裏巨人の攻撃が終わっていないので、表の大映の攻撃と合わせて記録は全て無

跡地に建つ富山市立芝園中学校

日米野球の舞台は奇しくも野球部の練習場となっている

効=取り消しとなったのです。山川選手にとっては何とも恨めしい富山の雨でした。

球場はその後、陸上競技場を備えた総合運動場に整備される計画も浮上しましたが、隣接する学校の敷地問題もあり立ち消えとなったばかりか、改装からわずか4年後の1952年に市立芝園中学校の新校舎建設のため閉鎖されてしまいました。プロ野球誕生前に北陸初の日米野球を開催し、富山市初のプロ野球公式戦が行われた舞台は、開場から18年で姿を消したのです。

JR富山駅の南口を出て南西方向に5～6分歩くと、芝園小学校を併設した芝園中学校に着きます。ベーブ・ルースと沢村栄治が対峙した場所は、奇しくも中学校の野球グラウンドになっていました。瞼を閉じ、88年前の晩秋の1日に思いを馳せます。この場所も後世に伝えたい聖地です。

（2022年4月28日）

調査協力：富山市立芝園中学校、富山市郷土博物館、富山市公文書館、富山県公文書館、富山市立図書館、富山県立図書館

参考文献：博物館便り 第24号「ベーブ・ルース」富山市郷土博物館、「とやまスポーツ物語」富山県公文書館、「芝園のあゆみ 創立50周年記念」富山市立芝園中学校

写真提供：富山市立芝園中学校、富山市郷土博物館

球跡54

沖縄野球隆盛の起点となった野球場

【沖縄県立奥武山野球場】

１９７２年の本土復帰から50年の節目を迎えた沖縄県。２０２２年5月17日に那覇市で行われた西武対ソフトバンク戦の先発投手は、西武が與座海人、ソフトバンクが東浜巨。地元沖縄尚学高校出身選手の投げ合いとなり盛り上がりました。その舞台、沖縄セルラースタジアム那覇が建つ場所には、かつて沖縄初の野球場として造られた奥武山球場（後に沖縄県立奥武山野球場と改称）がありました。

完成は１９６０年11月。米軍統治下だったこともあり、22万ドルの援助金を得て建設されました。両翼91・4メートル、中堅１２２メートルの規格は本土の野球場と比較しても遜色ありません。ただし、スタンドは三塁側が左

沖縄初の野球場として造られた奥武山球場

沖縄県立奥武山野球場

那覇空港から車で５分ほどの国道331号線沿いにあった

翼ポール付近までコンクリート製でしたが、一塁側は敷地の問題もありダッグアウトの上まで。そこから右翼ポールにかけては土盛りの芝生スタンドと、珍しい構造でした。

奥武山球場で沖縄初のプロ野球が開催されたのは１９６１年。５月20日からの西鉄対東映２連戦でした。米軍から借りたジープに分乗して行われた19日夜の両軍選手の市内パレードには、沿道に10万人が押し寄せる熱狂ぶり。試合の入場料はネット裏特別席が４ドル（１４４０円）。日本シリーズよりも高く、沖縄の平均家賃のほぼ半分でしたが、２試合で３万人の観衆が詰めかけ盛況でした。

その試合でボールボーイを務めたのは沖縄高校（現沖縄尚学高校）２年生で、後に広島、阪神で投手として活躍し通算１１９勝を挙げた安仁屋宗八さんでした。「フリーバッティングで、西鉄の中西太さんや豊田泰光さんがポンポンと打球を外野スタンドまで飛ばしていました。プロ野球の選手はすごいなあと思いましたよ」。60年以上前の衝撃が、今も脳裏に焼き付いています。

安仁屋さんは高校３年生の夏、その右腕でチームを甲子園へ導きました。これは沖縄勢初の南九州大会を勝ち抜いての晴れ舞台出場でした。それまでは宮崎や鹿児島の厚い壁に夢を阻まれていましたが「沖縄に野球場がなかったことが、本土とのレベルの差になっていた」と振り返ります。

「奥武山が出来るまではフェンスのない校庭でしか試合をやったことがな

かった。外野にラインを引いて、そこを越えたらホームラン、ゴロで抜けたら二塁打。マウンドの高さもバラバラでしたね」。

1958年の第40回記念大会に甲子園出場を決めた首里高校は、監督がたらいにピンポン玉を転がし、クッションボールの練習をして試合に臨んだと言います。

そんな境遇も球場の完成により一変し、念願だった本土チームとの交流も始まりました。「当時、高野連会長だった佐伯達夫さんのサポートもあり、京都の選抜チームが来島して奥武山で試合をやりました。甲子園出場なんて考えたこともなかったけど、あの時の交流は大きかったです」と述懐。その後も全九州や全鹿児島などのチームが来島。沖縄野球のレベルは徐々に向上し、1968年夏には興南高校がベスト4進出。そして安仁屋さんがパスポートを持ち甲子園に行ってから37年後の1999年春、沖縄尚学高校が沖縄県勢初の全国制覇を成し遂げました。今日の沖縄野球の隆盛は、奥武山球場の完成が起点になっていると言えるでしょう。

2010年に新装された那覇市営奥武山野球場

正面玄関を入った床面に「沖縄野球の聖地 奥武山」と記されている

プロ野球は初の興行が盛況だったことから、翌1962年にも3試合を開催しましたが、日本復帰の1972年までに行われたのはこの5試合だけ。移動費や滞在費などを考慮すると、「海外」だった沖縄での継続開催は難しかったのです。日本に復帰して3年目の1975年5月、沖縄初のセ・リーグ公式戦として行われた大洋対広島2連戦を含めても、奥武山球場でのプロ野球開催は7試合でした。

主にアマチュア野球のメイン球場として使用されましたが、2000年代に入ると施設の老朽化も著しくなり2006年11月で閉鎖され解体。その跡地に2010年4月に完成したのが、前述の沖縄セルラースタジアム那覇（那覇市営奥武山野球場）です。県内唯一のプロ野球開催球場として、開場以来24試合を興行。毎年、夏の高校野球沖縄県大会の予選も行われます。

球場の正面玄関を入った床面に「沖縄野球の聖地 奥武山」と記されています。1894年に始まったとされる沖縄の野球。1960年以降の隆盛を見守るこの地は、これからも球史を刻み続けます。

（2022年6月3日）

調査協力：安仁屋宗八さん
参考文献：「週刊ベースボール」1961年6月5日号
写真提供：那覇市営奥武山野球場

球跡55

若き獅子たちが技を磨き ジョー・ディマジオも訪れた【香椎(かしい)球場】

福岡市内唯一の遊園地として市民から親しまれていた「かしいかえん」が、2021年暮れに惜しまれつつ閉園。80余年の歴史に幕を閉じました。遊園地の一角には長さ100メートルほどの曲線状の斜面と、コンクリートの外壁があり、わずかに野球場の面影を残します。ここにはかつて、西鉄の二軍本拠地として若き獅子たちも白球を追った香椎球場がありました。

かしいかえんを運営していた西日本鉄道の前身の一つ、博多湾鉄道汽船が1941年夏に開設。当時、本格的な野球場がなかった福岡市にとって1万9000人収容のスタンドを備えた新球場

1970年代の香椎球場 左下に西鉄合宿所が見える
© 西日本新聞社

かしいかえんに残る球場の外壁の一部

球場のダイヤモンドはゴーカート場としてにぎわった

の誕生は大きな話題でした。地元の福岡日日新聞は「球場の少ない福岡地方にとって、またひとつの名所ができる」と完成間近い球場を写真入りで伝えています。

福岡県のプロ野球史はここから始まりました。終戦翌年の1946年、関西のメイン球場だった西宮を夏の一時期、全国中等学校野球大会開催のために明け渡します。グレートリング、阪急、ゴールドスター、中部日本の4球団は、プロ野球として初めて関門海峡を渡り九州の地を踏みました。8月16日に熊本水前寺球場で変則ダブルヘッダーを興行した後、福岡へ。17日に行われた中部日本対ゴールドスターが県下初のプロ野球公式戦で、第2試合のグレートリング対阪急と合わせて1万8000人の観衆でにぎわいました。

西鉄ライオンズ発足後は、球場の正面スタンド裏に合宿所が建てられ、二軍本拠地として使用されました。新香椎駅近くに住む藤野庫充（くらみつ）さん（73）は、実家が醤油屋を営んでいて、醤油や味噌を配達する父に連れられ合宿所へ行きました。「選手から折れたバットをもらって針金を巻いて使いました。グリップに「5」と「6」の番号が書いてあったのを覚えています」と少年時代を懐かしみます。

地元青年団の地域対抗野球大会も行われましたが、プレーした入江英夫さん（81）には西鉄関係者との思い出が残ります。「二軍監督の重松（通雄）さんや、二軍時代の若生（忠男）さんが、時間がある時は審判をやってくださり、野球も教えてくださいました。地元の若者たちをファンとして取り込もうとしたのでしょうね」。東京、大阪が今よりはるかに遠く感じられた時代。1956年から3年連続巨人を破り日本一となり全国に存在感を示した西鉄でしたが、ファームは地域密着で地道にファンと触れ合っていたのです。

球場は西鉄「香椎花園前」駅から徒歩１分のところにあった

かしいかえんも2021年12月30日で閉園した

若生はその後一軍へ羽ばたき、4度の2ケタ勝利を挙げるなど西鉄で102勝。その他に1956年から4連連続2ケタ勝利の島原幸雄、「アベボール」と言われた独特の変化球で日本シリーズでも活躍した安部和春など、香椎から育った若者が西鉄黄金期の一角を形成しました。

このグラウンドには米大リーグのスーパースターも足を踏み入れています。ジョー・ディマジオ。ヤンキース時代に56試合連続安打の大リーグ記録を達成し、１９５１年に現役を引退したディマジオは、１９５４年1月に人気女優のマリリン・モンローと電撃結婚しました。2月に新婚旅行とセ・リーグ選手への臨時コーチを兼ねて来日。９、10日の２日間、国鉄、洋松の選手ら14人に打撃指導を行ったのです。

上下背広に革靴姿のディマジオは自らバッティングを披露し、手本を見せました。国鉄から参加の町田行彦外野手は「まき割りをするように上から振りなさい」の指導が奏功し、同年レギュラーに定着すると、翌１９５５年は31本塁打で初のタイトルを獲得しました。西鉄から特別参加し指導を受けた河野昭修（あきのぶ）内野手は「教え方が上手でね。ちゃんとした打ち方をすればＭＯＯＮ（月）まで飛ぶよ」とアドバイスを受けた、と生前語っています。その河野は前年までの2年間で本塁打は1本だけでしたが、この年は一気に13本塁打と長打力が開花。ライオンズのリーグ初優勝に貢献しました。

残念ながらモンローは香椎球場へは同行しませんでしたが、世紀のビッグカップルが福岡を訪れたことは地元の人々にはかけがいのない思い出です。前出の藤野さんが館長を務める香椎公民館には、いまも仲睦まじい二人の写真がたくさん残されていました。

閉園された遊園地の跡地は２０２３年度以降に再開発される予定です。若き獅子たちが技を磨き、米大リーグの強打者がその名を残す福岡野球の聖地。〝球場遺跡〟である一塁側内野スタンドの一部とみられる外壁は、永遠に残してほしいと願います。

（2022年7月1日）

調査協力：入江英夫さん、藤野庫充さん

参考文献：福岡日日新聞（1941年7月28日）、読売新聞「追憶の舞台」（2009年9月6日）、西日本新聞（2021年12月26日）

写真提供：西日本新聞社

column　記録員コラム

伝統の一戦「巨人VS阪神」トリビア【球場編】

プロ野球公式戦が始まった1936年から現存する巨人、阪神、中日の老舗3球団の対戦が、2021年相次いで節目の2000試合を迎えています。5月11日に阪神─中日戦（甲子園）、15日に巨人─阪神戦（東京ドーム）が行われ、巨人─中日戦は7月6日の前橋で到達します。

中でも巨人─阪神戦は伝統の一戦と言われ、数々の名勝負を刻んできました。「伝統の一戦」─。なんとも素敵なフレーズです。スポーツニッポンの内田雅也記者が2020年12月13日付け紙面で記した「内田雅也が行く 猛虎の地（13）」には、『この言い方が定着したのは戦後、特に1949年から50年にかけての二リーグ分立前後と思われる』とあります。両チームの誕生からわずか10数年で〝伝統〟とは驚きです。当時隆盛を極めていた東京六大学野球の「早慶戦」に負けじと、プロ野球は東京─大阪の対抗という図式を作り、盛り上がりを期待したのでしょう。

2000試合到達を機に、球場、観衆、審判員にスポットをあて、トリビアで伝統の一戦を振り返ります。最初は「球場」編です。

【球場】阪神が後楽園球場でサヨナラ勝ち

２０００試合の開催球場の内訳は次の通りです。

甲子園	940	山本	1	豊橋市営	1
後楽園	549	上井草	1	宇都宮総合	1
東京ドーム	415	西京極	1	新発田市営	1
西宮	32	中百舌鳥	1	松江市営	1
札幌円山	19	藤井寺	1	高崎城南	1
大阪	11	長野市営	1	平和台	1
福岡ドーム	9	旭川市営	1	下関	1
洲崎	5	函館市民	1	岡山県営	1
大連満倶	2	鳴海	1	長崎県営	1

記念すべき初戦は１９３６年7月15日、愛知県名古屋市にあった山本球場で行われました。「センバツ発祥の地」としても知られるこの球場での開催は、この1試合だけ。１９４０年には現在の中国大連でも行われ、8月3日にタイガースの三輪八郎投手が、球団史上初となるノーヒットノーランを達成しています。

「巨人―阪神」と言えば昔は後楽園で、今は東京ドーム。「阪神―巨人」と言えば甲子園ですが、一リーグ時代の１９４７年まではそうとは限りませんでした。当時は1つの球場に数チームが集まり、変則ダブルヘッダーを開催していました。したがって、甲子園で「巨人―阪神」戦が9試合、後楽園では「阪神―巨人」戦が24試合も行われています。

１９４７年6月1日に後楽園で行われた一戦は「阪神―巨人」で、阪神が後攻でした。試合は4対4の同点で延長戦に突入。迎えた12

回裏、阪神は1死二・三塁のチャンスで、4番藤村富美男がレフト前に安打を放ちサヨナラ勝ち。当時はまだフランチャイズの概念はありませんでしたが、巨人の〝本拠地〟とも言うべき後楽園で、阪神が劇的勝利を飾ったのです。この日は日曜日で、スタンドには3万3541人の観衆が詰めかけていましたが、巨人ファンにとっては悔しさ倍増の敗戦だったことでしょう。

阪神にとって、巨人戦は多くの集客が見込まれ〝ドル箱カード〟とも言われます。1961年以降で、両チームの本拠地である後楽園、東京ドーム、甲子園以外の球場で行われた試合は28試合ありますが、27試合は巨人の主催ゲーム。阪神は1967年10月7日に岡山県営球場で開催した1試合(6回表1死、降雨コールドゲーム)のみです。したがって、阪神主催の「阪神―巨人」戦は、1967年10月8日の28回戦以降、55年間、684試合連続して甲子園球場で行われています。

(2021年6月2日)

伝統の一戦「巨人vs阪神」トリビア【観衆編】

【観衆】9万人と200人

公式記録としてスコアカードに残る1試合の最多入場者は7万人です。それが初めて記録されたのが、甲子園球場に夜間照明が設置され〝ナイター開き〟となった1956年5月12日の阪神―巨人戦でした。

関西では大阪、西宮に続き3球場目でしたが、セ・リーグのファンにとっては待望の甲子園での初ナイターとあって、球場は大混乱。試合開始直後に内野席は満員となり閉鎖されましたが、入場券を無制限に発売していたため入場できない500人が入口に殺到しました。「入れろ」「入場できない」―。ファンと球場警備員の押し問答が約1時間続き、最後はネット裏の貴賓席を開放する特別処置を講じました。

ナイター効果もあり、この年甲子園で行われた巨人戦13試合の入場者数は65万1000人（1試合平均、約5万人）。同じく関西に本拠地を置いていた南海（現ソフトバンク）の、主催77試合での総入場者数71万3900人に迫る集客でした。

一リーグ時代の1949年4月24日には、甲子園で行われた阪神―巨人のダブルヘッダーに非公式（スコアカードに観衆が未記入）ながら、9万人もの観衆が詰めかけたとの新聞記事が残ります。翌25日付けのスポーツニッポンは「甲子園未曾有の大観衆」の見出しで、一、三塁側のファウルグラウンドにまであふれた約3000人のファンを「グラウンドに波状攻撃」と伝えています。そして、球場側の話しとして「（観衆は）9万人を超えた」と記述。第1試合の5回終了時には、ファンが張ってあったロープを越えてベンチ前まで押し寄せ、28分間の中断を余儀なくされました。70年以上前に、即席とはいえ〝フィールドシート〟で観戦したファンがいたとは驚きです。

阪神のマネジャーとして、一塁側ベンチに入っていた奥井成一さんは「場内が騒然としていたので、進駐軍の兵士が空砲を撃って観客を鎮めました」と回想。終戦から4年。市民の生活も落ち着きを取り戻し、急速に野球熱が高まってきたことが伺えます。

昨年から続くコロナ下で、巨人と阪神の戦いもここまで4試合の無観客試合を強いられました。しかし、平時であればスタンドは常に多くの野球ファンで埋まります。そんな両チームの戦いですが、60余年前には公式記録としての観衆が「200人」と、ガラガラのスタンドで行われたゲームが3度ありました。

1954年10月25日（甲子園）と、1955年10月10日（甲子園）のダブルヘッダーで、両日ともリーグ優勝が決まった後のいわゆる〝消化ゲーム〟でした。発表は200人でしたが、実際は何人のお客さんがいたのでしょう…。年間シートが発売される今日のプロ野球では、永遠に破られることのない最少記録です（無観客試合は除く）。

（2021年6月3日）

調査協力：野球殿堂博物館

伝統の一戦「巨人VS阪神」トリビア【審判員編】

【審判員】戦後初の伝統の一戦はアルバイト審判員で行われた

プロ野球はここまで6万を超す公式戦を開催していますが、審判員の「一人制」は1度もなく、必ず二人以上で行われています。ただし、連盟と契約をしていない審判員を起用し、急場をしのいだことが2試合ありました。

そのうちの1試合が、戦後初の両軍対決となった１９４６年5月3日の藤井寺球場での一戦です。プロ野球はその1週間前の4月27日に再開しましたが、戦後の混乱期とあり審判員を配置するのも一苦労。この日関西地区では、西宮球場でゴールドスター対グレートリング戦も行われた影響で、巨人対阪神の試合には金政卯一審判員しか手配できなかったのです。

そこで連盟は、「加藤」という人物に審判員を依頼しました。試合は金政審判員が球審を務め、加藤氏が塁審に立つ二人制で午後3時10分にプレーボール。戦後初の伝統の一戦は、４２０人の観衆が見つめる中、塁審に〝アルバイト審判員〟を起用して行われたのでした。

審判員のユニフォームは着ていたのでしょうか。グラウンドで二人の連携はスムーズにいったのでしょうか…。試合はスコアカードの雑記欄に記されるような事象も起こらず、1時間16分でスピーディーに終了しました。加藤氏は、その3日後に同じく藤井寺で行われたグレートリング対阪神戦でも塁審を務め、一人制審判員阻止に貢献。その後グラウンドに立つことはありませんでしたが、出場試合数「2」はしっかりとＮＰＢの公式記録に刻まれています。

ところで、現在も下の名が不詳の「加藤」という謎の人物は誰だったのでしょう。当時、関西地区に縁があった球界関係者を調べると、１９４４年に南海で選手兼任監督を務め、この年は球団で事務主任に就いていた加藤喜作(きさく)氏が有力です。果たして、一人制の奇策より喜作に頼れ、だったのでしょうか。

両チームの対戦は、担当する審判員にとっても特別なものでした。

「巨人戦は毎試合テレビで全国中継され注目されていましたが、阪神戦は別格でしたね。我々も巨人対阪神戦の球審を任されて一人前。そこを目標に仲間と切磋琢磨し、技術を高めました。割り当てに初めて名前があった時は嬉しかったです」。

30年を超す長きにわたりセ・リーグのグラウンドに立った審判員ＯＢの言葉です。

「伝統の一戦」で球審を担当した回数を調べました。20位までは次ページの通りです。（太字は現役）

筒井	101	竹元	55	**笠原**	46
岡田	87	**橘高**	55	井上	45
谷村	68	福井	54	国友	42
友寄	64	**眞鍋**	52	井野	41
島	63	富澤	48	久保田	40
山本文	60	松橋	47	田中	39
円城寺	59	小林毅	47	**杉永**	39

唯一、3ケタとなる101回の球審を務めた筒井修氏は、一リーグ時代の1947年に審判員となり1976年まで在籍。30年間で3452試合に出場し、日本シリーズには歴代2位の17回出場。1991年に競技者表彰で野球殿堂入りを果たしています。審判員を務めた30年間の両チームの対戦は751試合でしたから、7・5試合に1回はマスクをかぶったことになります。1949年に甲子園が9万人の大観衆で埋まった試合も、1956年のナイター開きの試合も「球審筒井」でした。現役最多の橘高淳（きったかあつし）審判員でも55回ですから、101回の球審は今後も不倒の数字と言えるでしょう。

次の節目となる2500試合は20年後、3000試合は40年後になります。名勝負と記録の積み重ねで、伝統の一戦がより輝きを増すことを期待します。

（2021年6月4日）

column

74泊75日

記録員コラム

２０２０シーズンは新型コロナウイルス感染拡大により、公式戦開幕が最終的に6月19日となり、試合数も１４３試合から１２０試合に削減されました。チームの移動による感染リスクを考慮し、セ・リーグは開幕直後に「東西集中開催」、パ・リーグは開幕2カード目から2カ月間にわたり「同一カード６連戦」という異例の日程となりました。

それに伴い、多くのチームが近年は少なくなっていた長期遠征を強いられました。パ・リーグでは日本ハムを除く5球団が２週間のロードゲーム。セ・リーグでは6月19日の開幕戦を東京ドームで迎えた阪神が、本拠地甲子園で２０２０年の初戦を行ったのは7月7日（対巨人）。この間、東京ドーム、神宮、横浜、ナゴヤドーム、マツダと転戦し、開幕戦の前夜から数えると19泊20日の長旅でした。

まもなく始まる２０２１年のペナントレース。夏場には東京五輪が開催され、使用制限の掛かる本拠地球場もある中でどんな日程か見てみると、日本ハムに6月の交流戦明けから7月中旬にかけて27泊28日という長期遠征が組まれています。この間の8カードはホーム、ビジターそれぞれ4カードとバランスは取れていますが、ホームの4カード全てを本拠地の札幌ドーム以外で開催するため、このような編成になったのです。

6月17日に札幌から福岡入りし、大阪→静岡→仙台→那覇→旭川→千葉→釧路→帯広と日本列島を東奔西走して20試合を興行。7月14日、帯広でのデーゲーム後に札幌に帰るとして、この間の総移動距離は約9500㎞にもなります。平時であってもかなりタフな移動ですが、今回はそこにコロナ禍の社会情勢も加わります。無事に日程が消化されることを祈ります。

さて、かつて日本のプロ野球ではどんな長期遠征が行われたのでしょうか。シーズンオフの間に古い資料、スコアカードをめくってみました。

まず思い浮かぶのは、阪神の〝死のロード〟です。本拠地甲子園が夏の高校野球大会で使えなくなるため、大阪ドーム（現京セラドーム大阪）が完成する1997年まで毎年夏の恒例行事となっていた長期遠征です。ただし、1950年代は高校野球大会の日程が短かったこと、1960年～70年代は京都の西京極球場を使用したことで、2週間程度にとどまっていました。1980年代になり軒並み20泊前後と長期化し、1980年には最長となる22泊23日の記録が残ります。

1970年代に流浪の球団と呼ばれたロッテ（現千葉ロッテ）も多くの移動を強いられました。本拠地としていた東京スタジアムが1972年に閉鎖されると、翌1973年は本拠地が定まらず東京都を保護地域として後楽園、神宮、川崎球場を使用。さらに仙台の宮城球場（現楽天生命パーク宮城）を準フランチャイズとし26試合を行っています。選手、首脳陣のほとんどは拠点を東京周辺に置き、仙台ではホテル住まいでした。9月4日の日生球場から10月1日の西宮球場まで、この間に宮城球場で9試合を行いながら28泊29日という長期の旅を余儀なくされました。

プロ野球にフランチャイズ制が確立されたのは1952年でした。これによりホームとビジターがはっきりと分けられ、日程編成も同一球場、もしくは近隣球場における同一チームとの3連戦が基本となりました。また同じエリア内に同一リーグのチームがあると、ビジターでも遠征をしなくてもよくなりました。前掲の阪神やロッテは特異なケースで、フランチャイズ制導入以降の遠征は長くても2週間程度に抑えられているようです。

球史における過酷な遠征は、プロ野球が二リーグに分立した1950年からフランチィズ制が確立されるまでの2シーズンの間に刻まれています。一リーグ制だった1949年は8チームでしたが、1950年は両リーグで15チーム（セ8、パ7）と倍増しました。日程編成は一リーグ時代同様、4チームによる同一球場での変則ダブルヘッダーが基本でしたが、チーム数の増大により一リーグで使用していた後楽園、甲子園、西宮の三大球場だけでは消化できなくなりました。さらに1950年のセ・リーグを例にとれば、東京、名古屋、京都、兵庫、広島、下関、福岡と球団所在地が各地に分散。必然的にそれらの専用球場で開催するとともに、新規のプロ野球ファン開拓のために全国行脚も行いました。

このような状況の下、1950年の二リーグ分立時に九州の福岡市に球団事務所を構えセ・リーグに新規加盟した西日本パイレーツは、この年になんと74泊75日、2カ月半にも及ぶ驚愕の長期遠征を行っています。

「西日本パイレーツ？」。頭の中にクエスチョンマークが浮かんでも不思議はありません。セ・リーグ結成時に主導的立場だった読売巨人が、九州にも球団が欲しいと考え、福岡市に拠点を張る同じ新聞社の西日本新聞社に声をかけて誕生した球団でした。しかし、福岡にはパ・リーグに所属する西鉄クリッパース（後の西鉄ライオンズ）もあり、わずか1年で経営に行き詰まります。翌年2月には西鉄と合併。ＮＰＢの長い歴史の中でも唯一、1シーズンしか存続しなかった〝幻の球団〟なのです。

74泊75日――。プロ野球史上最長となる過酷な遠征は、いかなる事情で組まれたのでしょう。西日本の足跡をたどりながら、残されたエピソードを紹介したいと思います。

（２０２１年3月17日）

29都道府県、52球場を駆け巡った西日本パイレーツ

セ・リーグ創設の1950年に九州・福岡市に誕生した西日本パイレーツ。翌年には西鉄と合併しわずか1年しか存在しなかった球団には、プロ野球最長となる74泊75日の長期遠征記録が残されています。今回はその背景を掘り下げます。

1950年1月15日付けの西日本新聞には「平和台及び八幡桃園で60試合を予定」とあり、セ・リーグも2月19日に福岡での予定試合数を「50」と発表しました。西日本は専用球場を持たずに新規参入しましたが、前年暮れのリーグ結成時に「球場を持たない球団に対しては、その球団及びファンに便利な日程を作る」との取り決めをしており、それに沿った編成が行われる予定でした。

しかし、実際に福岡県内で行われたのは136試合中、平和台4、八幡桃園2、飯塚市営1のわずか7試合でした。しかも、その試合は3月10日の開幕戦から6月4日の間に行われ、以降チームは一度も福岡でユニフォーム姿を披露することなく、シーズンを終えたのです。（10月11

1948年、北海道内を特別列車で移動する巨人、阪神、大陽、金星の選手たち

日、平和台で中日戦が予定されていましたが雨天中止）

74泊75日の長期遠征はその間の出来事でした。7月28日に翌日からの広島戦（広島総合）に備え真夏の広島市入りしたナインが、前述の雨天中止となる中日戦（平和台）のために帰福したのは、街に秋の気配が漂い始めた10月10日。この間、北は青森県から南は大分県まで22球場を訪れ37試合を消化しました。75日間で37試合と聞けば、昨今の日程の方が過密ですが、過酷さでは比較にならないでしょう。新幹線はもちろん、寝台列車もありません。ユニフォームやバット、グローブといった野球用具を自ら運び、向かい合う硬い直角椅子の列車で次の球場への移動を強いられたのです。

しかも直前の7月24日までは、6月12日から43日間。直後の10月12日から最終戦の11月18日までは、37日間の遠征も行っていました。福岡に自宅を構えた選手が、6月以降の約5カ月間で帰宅できたのはわずか4日と、過酷を極める日程でした。

この間には球史に残るゲームを行っています。6月28日、青森市営球場での巨人戦では藤本英雄投手に完全試合を喫しました。6月12日に福岡を旅立ち2週間。東京から岩手、函館、小樽、札幌と回り疲労が見え始めた矢先の、プロ野球史上初の屈辱でした。9月5日の巨人戦（後楽園）では4つの内野ポジション全てで失策を記録し、ゲーム8失策。75日間の長期ロードのほぼ半ばで記したミスは、今もセ・リーグワースト記録として残ります。

記念すべきセ・リーグの開幕シリーズを主催。開幕直前には「パイレーツ結成披露会」と題して、繁華街・天神を自動車でパレードもしました。そのチームがなぜ、メイン球場に予定していた平和台で4試合しか行わなかったのでしょう。理由の一つは使用料にありました。市営球場ながら、条例でプロ野球が使用の際は基本料金の他に入場料総額の10％が加算され、他の公営球場と比較して高額だったのです。同じく福岡を拠点とした西鉄もこの年、平和台では6試合でした。

もう一つは当時の交通事情です。関門トンネルが開通していたとはいえ、東京⇕博多間は直通列車でも一昼夜を要しました。その移動時間を考えると、ビジターチームが頻繁に福岡を訪れては連盟の日程編成もままなりません。一リーグ時代はほぼ関東から関西の間での開催でしたから、これは想定外だったのかも知れません。１２０試合を行った西鉄も福岡県では27試合と、４分の１に届いていません。終戦から5年。九州はまだ遠い地だったのです。

このような事情から、西日本が興行のほとんどを連盟側にゆだねた結果、前述のような長期遠征が繰り返される日程になったのです。１３６試合の戦跡をたどると、公式戦開催の８カ月間で29都道府県を駆け巡り、52球場を訪れていました。これはもちろん、1シーズンの記録としては最多で、永遠に破られることはないでしょう。ちなみに２００５年からプロ野球に参入した楽天が、16年間に試合を行った都道府県は26で41球場。色あせたスコアカードをめくりながら、1シーズンしか存在しなかった西日本の全国行脚に、思いを馳せます。

西日本が拠点とした福岡県から関門海峡を渡った先の山口県下関市には、同じくセ・リーグに加盟した大洋（現横浜ＤｅＮＡ）がありました。本州の西の端に位置したこのチームも、１９５０年に28都道府県、43球場で試合を行いました。１４０試合のうち、下関球場ではわずか9試合。西日本と大差ない70日間の長期遠征記録も残ります。

その大洋に在籍し、チーム結成初戦（対国鉄＝下関）のマウンドに上がり、完封勝利を収めたのは今西錬太郎投手。次回は通算88勝を挙げた今西さんに伺った、スコアカードの裏に隠された遠征の苦労話をお伝えします。

（２０２１年3月24日）

写真提供：野球殿堂博物館

ストッキングの中に米を忍ばせ遠征列車に

プロ野球が二リーグ制となった1950年、山口県下関市に誕生した大洋ホエールズ（現横浜DeNA）。拠点が本州最西端だったこともあり公式戦は遠征の連続でした。そのチームに在籍し、3月10日の開幕戦（対国鉄＝下関）のマウンドを任され完封勝利を飾った今西錬太郎投手に、スコアカードの裏に隠された遠征の思い出を伺いました。

今西さん（96）は戦後、プロ野球が再開した1946年に阪急に入団。3年目の1948年にはチーム最多の23勝を挙げるなど、1949年までの4年間で70勝をマーク。1950年、大洋に移籍しました。プロ野球入団の年に結婚して子供もいましたが、下関では大洋漁業の寮に住み単身生活。「開幕戦には嫁と子供が下関まで応援に来てくれてね。たしか、駅前の旅館に泊まりました」。90代も半ばを過ぎたとは思えない張りのある声で、70年以上経った昭和の記憶をたどってもらいました。

前掲のコラムで西日本の75日間にわたる遠征を紹介しましたが、大洋もそれに匹敵する遠征記録が残ります。6月21日の金沢兼六園から8月

1950年、ボストンバックとバットを持って移動中の大洋選手（中央の黒いコート姿が今西さん）

27日の後楽園まで、前後の移動日を含めると69泊70日。17球場で36試合を消化しました。北は北海道旭川市から西は山口県徳山市までを駆け巡った夏…。残念ながら遠征風景は思い出せませんが、選手としての苦い思いは蘇ります。実はこの時、野球人生最大の危機に直面していたのです。

5月17日の松竹戦でした。6回から救援した今西さんは、8回に小鶴誠を打席に迎えます。その5球目、弾き返された痛烈な打球がみぞおち辺りを襲い、右手に直撃。幸い骨に異常はありませんでしたが、1カ月以上の戦線離脱。大分県別府市での温泉治療を経て、この遠征から合流しました。「スナップを利かして投げると、ピシッと痛みが走ってね。腕を思い切り振れなくなったんです」。その言葉を裏付ける戦績が残ります。復帰戦となった7月2日の国鉄戦で黒星を喫すると、遠征期間中8試合に登板しましたが、勝ち星なしの4連敗。防御率は4・80でした。

1950年、大洋と西日本の選手（前列、一番左が今西さん）

遠征後の9月以降に白星を挙げ、なんとかシーズンでは10勝（13敗）をマーク。しかし、「あれで野球人生は終わりましたね」というほど後遺症に悩まされた大きなアクシデント。ケガからの復活を思うように果たせず、暗闇に包まれた中での2カ月以上に及ぶ長期ロードはさぞ辛かったことでしょう。それでも今西さんが、この時を含め大洋時代の遠征の苦労話しを口にすることはありませんでした。それは入団1年目の1946年、戦後の日本がいたる所で厳しい食糧事情に直面していた時、忘れられない体験をしているからです。

1946年のプロ野球は8チームで一リーグ制。甲子園は進駐軍に接収され、試合は主に西宮と後楽園球場で行いました。住まいがあった兵庫県から東京への移動は夜行列車。「いつも満員でね。通路に新聞紙を敷いて横になったもんです」。眠れぬ夜を過ごし、たどり着いた東京駅。しかし、終戦から歳月も浅いこの時、後楽園周辺は食糧難で泊まれる旅館がありません。宿は千葉県松戸市でした。「ここまで行くと、いいお米がたくさんありました。旅館で食事をいただき、弁当を持って常磐線で後楽園へ通いましたよ」。当時の新聞を見ると、阪急のほかに阪神、パシフィックも松戸市に投宿。相手チームと戦う以前に、食糧事情を克服しなければならなかった社会情勢が垣間見えます。

西宮球場が中等学校（今の高等学校）野球大会開催で使えなかった夏。熊本、福岡を回る九州遠征がありました。「地方へ行くとね、貴重なお米が手に入ったの。でもヤミ米だから憲兵さんに見つかると大変。ユニフォームのストッキングに左右一升ずつ隠して、列車に乗り込んだもんです」。次の開催地へユニフォームのまま列車移動していたことも衝撃的ですが、そのストッキングの中に米を忍ばせていたとは驚かされます。そんな冷や汗が出るような遠征も、今西さんは「嬉しかった」と回想します。厳しい食糧難の中、家族を養う大黒柱にとってヤミ米とは言え貴重な米が手に入ったことは、遠征の苦労を消し去るほどの喜びだったのでしょう。

今西さんは1952年まで大洋に在籍した後、阪急、東映と移籍し1955年限りで引退。10年間の現役生活でした。いま、同居する息子夫婦が旅行に誘っても「僕は野球で全国を回ったから、行かなくていいよ」と、やんわり断るそうです。あらためて在籍チームの記録を調べると、40都道府県を巡り、101球場で試合を行っていました。まさに当時の野球選手にしかできない全国行脚を、今西さんは体験されていました。

＊　＊　＊　＊

プロ野球における遠征史を調べてみよう――。そう思ったのは、2020年の新型コロナウイルス感染拡大による大幅な日程変更でした。フランチャイズ制確立以前の壮絶な長期遠征に、スコアカードをめくる手が止まりました。ライバル球団だけでなく、食糧難とも戦った今西さんの話には、終戦直後の混乱した社会を思い浮かべました。いかなる状況でも、途切れることなく球史を紡いできた先人たちに、あらためて敬意の念がわきます。2021年のシーズンが始まりました。相変わらずのコロナ禍で予断を許さない状況が続きますが、今年は予定通り全ての試合が開催されることを願います。

（2021年3月31日）

調査協力：今西錬太郎さん、今西潤子さん
写真提供：今西錬太郎さん

column 記録員コラム

野球場の方位

公認野球規則には様々なことが記載されていますが、野球場を造る際の「方位」についても触れられています。

◆公認野球規則2・01「本塁から投手板を経て二塁へ向かう線は、**東北東**に向かっていることを理想とする」(競技場の設定から抜粋)

近年はドーム球場も増えましたが、野球は元来屋外スポーツですから、太陽光を配慮した方位で造ることが求められます。プロ野球の本拠地として使用されている屋外球場の方位をまとめてみました。

(方位は16方位、西暦は球場の開場年)

阪神甲子園球場「南」1924年　横浜スタジアム「北北西」1978年
明治神宮野球場「北北東」1926年　ZOZOマリンスタジアム「南西」1990年
楽天生命パーク宮城「南」1950年　マツダスタジアム「東北東」2009年

あれれ…。野球規則に沿って造られているのはマツダスタジアムだけです。規則書の文言は「理想とする」となっており、強制力はありませんがバラバラですね。実はこの方位の規則は何度か変更されており、現在の「東北東」になったのは1956年から。これまでの変遷は次の通りです。

1920～1930年「南」
1931～1935年「記載なし」
1936～1949年「南」
1950～1955年「西南西」
1956～現在「東北東」

日本の規則書に初めて方位が載ったのは1920年でした。この前年は、米国で野球規則制定以来の未曾有の大改定が行われた年でもあり「ダイヤモンドの位置を定める際、出来得る限り本塁は北方に、投手板は南方に据え、投手は北面して投球するを可とす」と記されました。この文章は1930年までありましたが、なぜか1931～1935年まで消えています。1936年に「野球場の方位」として復活し、1949年までは「南」で変更はありませんでした。

初めて方位が変わったのは1950年です。「本塁後方から見て投手板が西南西の方向になるように本塁の位置を定め、そして出来るだけプレーヤーが太陽の光線に眼を射られることを少なくするのが望ましい」と記されました。本塁からセンターへのラインが西南西を向くと、太陽は守備者の後方に沈み、確かに守備側プレーヤーは太陽光の影響は受けません。しかし、これだと打者が正面から西日を受け打撃をすることになり物議を醸したようです。この規則は1955年までの6年間しか運用されず、1956年からは真逆となる「東北東」になり現在に至っています。

そもそも〝太陽光を配慮した方位〟とは、どの方角でしょう。テニス、サッカー、ラグビーなど他の屋外スポーツでは「長軸を南北とする」セオリーがあるようです。理由は明白で、朝日、西日が選手の目に入らないからです。野球場も前掲のように、当初は本塁からセンターへのラインが「南」になっていました。それに沿って造られたのが阪神甲子園球場と楽天生命パーク宮城です。私の記憶では、この2つの球場は晴天のデーゲームでも守備側の野手が太陽を目に入れ打球を見失ったことはありませんし、太陽光を気にしたバッターもいません。

2009年に開場のマツダスタジアムは、現行の野球規則を忠実に守り「東北東」を向いて造られました。ここのデーゲームでは、多くの守備側プレーヤーが沈み行く太陽に苦慮させられています。西日をほぼ正面に受ける左翼手、中堅手が打球を見失ったシーンを記憶されている方も多いと思います。高く舞い上がった飛球を処理する内野手や、送りバントの小飛球を追った投手が、西日を目に入れて落球したケースもありました。自然現象であり、逆光で消える打球を処理することが「プロの技の魅せどころ」とも言えますが、球場の方位が守備者にとっての〃魔物〃を生んでいることは事実です。

公認野球規則はアメリカのOFFICIAL BASEBALL RULESに基づき作られています。したがって、球場の方位に関する1950年以降の2度の変更もそれに追随しています。野球のルールは、これまで起こったプレーを元に細部まで討論し決定されており、ほぼ完成形に近いと思います。しかし、球場の方位に関しては首をかしげるのは私だけでしょうか。

2017年に山形県山形市に完成した、きらやかスタジアムは、甲子園や楽天生命パークと同じく本塁からセンターのラインを「南」にして造られました。この他、阪神二軍の本拠地・鳴尾浜球場（1994年完成）、倉敷マスカットスタジアム（1995年完成）、松山坊っちゃんスタジアム（2000年完成）なども同様です。野球規則より、「長軸を南北とする」屋外競技場のセオリーを取り入れたことは関係者のファインプレーに思えます。

ヤクルトの本拠地・明治神宮野球場は、数年後に新装されます。果たして、新球場はどの方角を向いて建設されるのでしょう。魔物が棲まない、選手に優しい球場になることを願います。

（2020年4月10日）

column　記録員コラム

東西南北

２０２０年８月14日にＺＯＺＯマリンスタジアムで行われた、千葉ロッテ対北海道日本ハム10回戦の公式記録員を務めました。序盤からロッテ打線が活発で、初回と３回に打者一巡の猛攻を見せ計11得点。１試合に２度の打者一巡は、チームでは２００５年以来15年ぶりでした。

最終的に12対５でロッテが勝利した試合で、ちょっと面白い投げ合いがありました。

日本ハムは３年目の〝北〟浦竜次投手が今季初先発しましたが、先頭打者から４連続安打を許すなどし、１アウトを取っただけで降板。〝西〟村天裕投手がリリーフしました。一方のロッテは先発の石川歩投手が６回まで投げ、７回表から〝東〟妻（あづま）勇輔投手が登板します。もうお気づきでしょう。方位を表す東西南北のうち、南以外の漢字を有する３投手が登板したのです。

私は手元にある「ベンチ入り選手」のリストを見ました。ロッテに〝南〟昌輝投手がいました。試合は東妻投手が登板した時点でロッテが11対５とリード。点差からすれば、終盤は１イニングずつの継投も考え

千葉ロッテ対北海道日本ハム10回戦のベンチ入りメンバー表

られます。7回を東妻投手が無失点に抑えると、8回表は唐川侑己投手が登板し、こちらも無失点リリーフ。9回表、日本ハムの攻撃が始まる前に、ロッテ井口資仁監督が球審のところへ歩み寄る姿が見えました。場内アナウンスに耳を傾けます。

『マリーンズのピッチャー、唐川に代わりまして小野』

仮に、ベンチ入り唯一の「左腕」永野将司投手が登板すれば〝サウスポー〟のオチが付いたのですが、小野投手では〝oh no―〟と心の中でダジャレをつぶやくしかありません。9回表は小野投手がピシャリと無失点に抑え、試合終了。結局、南昌輝投手の出番はなく、両チーム投手陣による「東西南北」のコンプリートはなりませんでした。

2018年のセ・パ交流戦では、横浜DeNAの〝東〟克樹投手とオリックスの〝西〟勇輝投手の両先発投手による「東西対決」が話題になりました。プロ野球一軍戦で過去、姓に東西南北の漢字が付く投手が1試合で全て登板したケースはあったのでしょうか。

NPB編集のオフィシャルベースボールガイドは基本的に成績の記録集で、このようなマニアックな項目は掲載されていません。NPBのホームページでは、これまで一軍戦に出場した全選手の成績を閲覧することができます。そこでキーワードに東西南北を入力し検索すると、姓に〝南〟が付く選手の一軍戦登板は少なく、わずか8人でした。

これを手掛かりに調べると、一リーグ時代は〝南〟が付く選手の出場がなく、条件が揃いません。

セ・リーグでは1998年に巨人に西山、南、ヤクルトに伊東、北川の各投手が在籍し、登板記録から推測すると4投手が同時にベンチ入りはあったようです。しかし、4投手の同一試合登板はありませんでした。パ・リーグでは、1992~95年に日本ハムに南、西崎、西村、オリックスに本東、北川の各投手が在籍。条件は揃っていましたが、北川投手の一軍登録がありませんでした。結果、これまで行われた6万2500試合を超えるNPB公式戦で、東西南北の揃い踏み登板は一度も実現していないのです。

試合翌日の8月15日、残念ながら北浦竜次投手と南昌輝投手は一軍登録を抹消されました。それでも両チームの対戦は9月8日以降に8試合が組まれており、プロ野球史上初となる「東西南北」投手の同一試合登板の可能性は残されています。ちょっとマニアックな記録にも注目してみてください。

（2020年8月21日）

column　記録員コラム

ＬＩＮＥのお話【前編】

唐突ですが、冒頭からクイズです。

問１．投手板の前縁から本塁まで（いわゆるバッテリー間）の距離は
問２．本塁から一塁ベースまで（いわゆる塁間）の距離は
問３．ファウルラインやバッタースボックスなど、ラインの幅は

正解は問1が18・44メートル、問2が27・43メートルです。この2問は多くの人が答えられたと思います。問３の正解は７・６センチですが、わかりましたか。先日、50人近くが集まった記録講習会の場で伺ったところ、問３＝ラインの幅を知っていた人は１人でした。野球場を設定する上で欠かせない規定ですが、案外気に留めることは少ないようです。公認野球規則を読んでも、バッテリー間や塁間の距離が本文の２・00「競技場」に明記されているのに対し、ライン幅は巻頭の「野球競技場区画

試合前の散水風景。その手前では珍しい器具でファウルラインが引かれている

線」の一画に、ファウルラインを矢印で挟んでインチ表示で「3」と記されているだけです。（注：3インチをセンチ換算すると約7・6になります）

試合前のノックが終わり、整備されたグラウンドに描かれる美しい白線はゲームへの緊張感を一層高めます。そこで今回は、ラインにスポットを当てたコラムです。

当然ですが、各々のスポーツには規則がありライン幅も決められています。屋内球技の代表格であるバレーボール、バスケットボール、ハンドボールは5センチで統一されています。一方、屋外球技となると野球と競技場が類似しているソフトボールは7・6センチ、サッカー12センチ以下、フットサル8センチ、フィールドホッケー7・5センチ、テニス（屋内でも行いますが）はラインの場所によって2・5～10センチと、万別です。

驚かされるのは先日まで日本中を沸かせたラグビーで、規定そのものがありません。極論では幅50センチのラインでもOKですが、実際は大会ごとに決めているようです。ちなみに、ワールドカップ2019日本大会は10

市販のアルミ素材を裁断、折り曲げて作った“テッパン”

ツメの片側をロープに掛けて準備完了

センチで運用されたそうです。他にも陸上競技は5センチ、大相撲の仕切り線は6センチとなっていて、普段は気に留めないライン幅も調べると競技ごとに違いがあるようです。

消石灰をラインカーに入れ、張った巻尺に沿ってコロコロ――。野球経験者なら1度はラインを引いたことがあるかと思います。消石灰は安全性の問題から、平成の半ばには炭酸カルシウムを原料としたラインパウダーに代わったようですが、ラインカーを転がす光景は今も変わりません。そんな中、ふらり立ち寄った野球場で珍しい「ライン引き」に遭遇し、目を奪われました。

場所は北海道の野球場の聖地・札幌市円山球場。写真には2016年6月の年月が残ります。高校野球の地区予選だったのでしょうか。今回、再度お邪魔をして話を伺い、実演をしていただきました。

パウダーを入れる器は、ホームセンターで購入したアルミ素材を、職員が裁断、折り曲げをして作ったオリジナル品です。パウダーの出口をライン幅と同じ7・6センチにし、その両サイドを折り曲げ

ラインカー以外で白線を引いているのは、全国でも円山球場だけである

テッパンを使ったトラックのライン引きの光景（札幌円山競技場）

てパウダーが留まる空間を作ります。パウダー出口の両サイドにU字形のツメを付ければ完成で、〝テッパン〟と呼んでいるそうです。

さあ、実演です。この道25年のベテランもいるそうですが、この日は経験9年の竹村さんが担当されました。ピーンと張ったトラロープに片方のツメを引っ掛け、ロープに沿って後ろへ一気に下がって行きます。ツメをロープに掛けることにより直進性が保たれます。「ロープとツメの接点を微調整しつつ、テッパンの角度を徐々に上げてパウダーの出る量を一定にするのが腕の見せどころですね」。一緒に傍らで見ていた札幌市円山総合運動場の杉山公一さんが、解説してくださいました。引きあがった真新しい白線は美しく、見事なまでに一直線で、そのまま円山の杜に吸い込まれていくようでした。

高性能のラインカーが市販されている中、円山球場はなぜ前近代的とも言えるテッパンを使い続けているのでしょうか。「バッタースボックスなどはラインカーで引いています。テッパンを使うのはファウルラインの1本引きの時だけです。ラインカーより、真っ直ぐ引ける、早く引ける、(ラインカーのタイヤの跡が付かないので）綺麗に仕上がる、という利点があるのです。ラインカー以外で白線を引いているのは、全国でここだけだと聞いています」。杉山さんがちょっぴり誇らしげに、語りました。

ラインカーの歴史をたどってみました。その製造、販売では老舗企業の株式会社エバニューに問い合わせると、詳しい資料は残っていませんがと前置きした上で「弊社が市販を始めたのは戦後まもなく」との返答。日本に野球が伝わったのは1872年ですから、70年以上経ってからになります。他社がそれ以前に製造していた可能性はありますが、それでもラインカーが普及するまでは、各球場でテッパンのような器を作って、白線を引いていたのでしょう。円山球場の開場は１９３４年。80余年の歳月が経ちますが、このテッパンにもそれに等しい歴史が刻まれているのでは、と想像します。

杉山さんによると、テッパンを使ったライン引きは今後も続けて行くそうです。円山球場では２００９年を最後にプロ野球は開催されていませんが、機会があれば是非スタンドに足を運んで、唯一ここだけに残った〝匠の技〟を目に焼き付けてください。

綺麗に白線が描かれ、いよいよ試合開始です。続きは後編で。

（２０１９年12月20日）

調査協力：札幌市円山総合運動場、株式会社「エバニュー」

写真提供：札幌市

LINEのお話【後編】

LINEのお話の後編です。

グラウンド整備が終わり各所の白線も綺麗に描かれ、いよいよ試合開始です。

写真①はスリーフットラインですが、野球規則とは若干異なっていることに気付きますか。規則書では本塁から一塁にかけて、ファウルラインの右側にカタカナの「コ」の字のような形でラインが描かれていますが（写真②）、昨今のプロ野球では写真①のようにファウルライン右側に1本の平行な線を引いただけの球場が増えて来ました。

スリーフットレーンは「一塁に対する守備が行われているとき、本塁一塁間の後半を走る打者が走らなければならない場所」です。レーンの外を走っていて、一塁への送球を捕えようとする野手の

写真①　一塁ファウルラインに平行に引かれたスリーフットライン

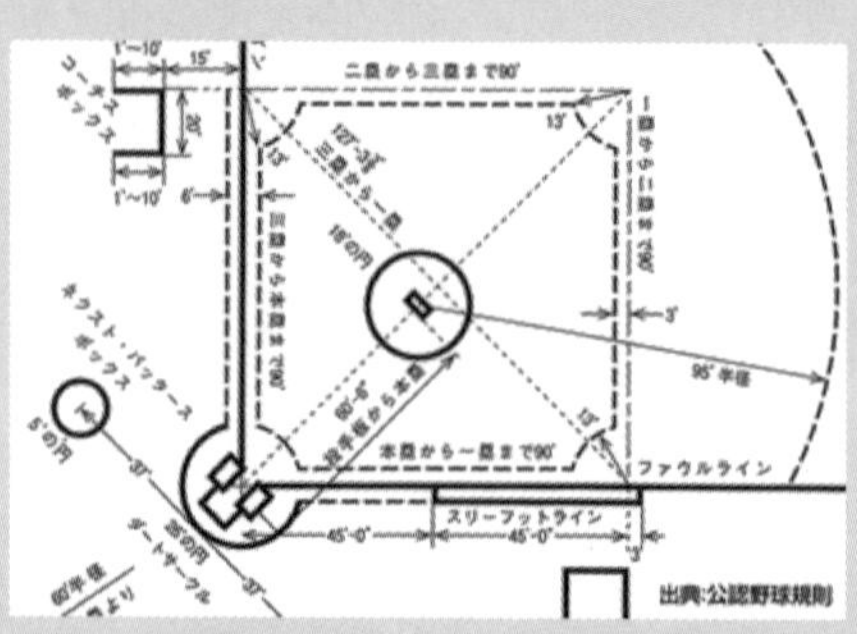

写真②　野球規則に記されているスリーフットライン

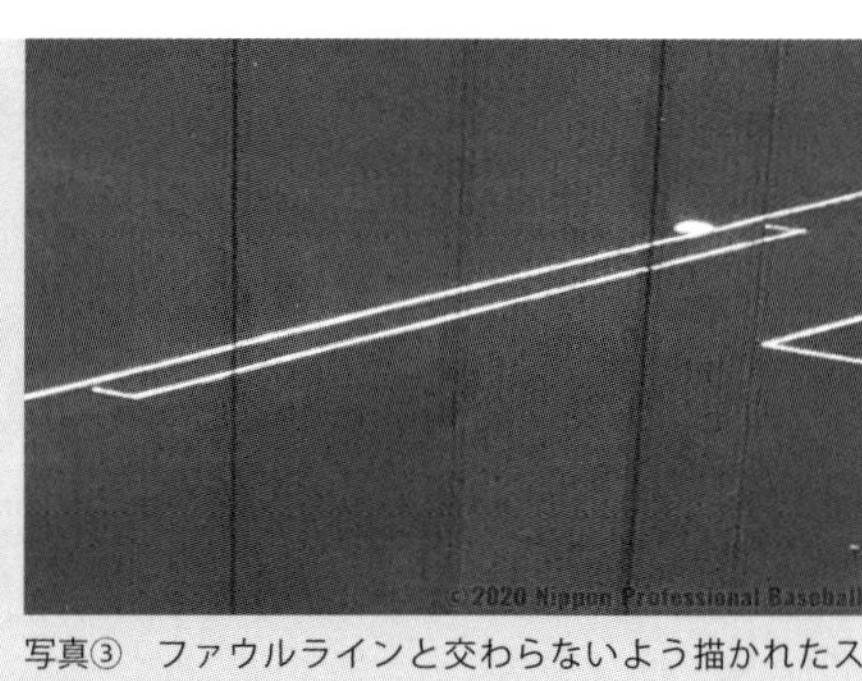

写真③　ファウルラインと交わらないよう描かれたスリーフットライン

動作を妨げるとアウトが宣告される重要なラインです。しかし、規則通りにファウルラインとスリーフットラインの横の線（カタカナの「コ」の両先端部分）が接していると、審判員はその接点に打球が落ちた際にフェア、ファウルの判定が難しくなります。そこで審判員が判定し易いように、少し間を開けるようになったのです（写真③）。

今は中堅となったある審判員が入局した20年ほど前は、規則書通りにスリーフットラインが描かれていた球場もあったようです。「一塁塁審を担当する時は、ファウルラインに接しているスリーフットラインを足で消すことが最初の仕事でした」。その光景を見ていた球場のグラウンド整備の人が、気遣いを見せラインの接点をなくしてくれました。そして今では横の線を全く描かず、ファウルラインと平行な1本の線だけの球場も多くなったのです。

次ページの写真④はキャッチャースボックスですが、ここもアレンジされています。規則書には写真⑤のように後縁の横のライン（１０９・2センチ）もありますが、プロ野球の球場ではまず引かれていません。キャッチャースボックスは、文字通り「投手が投球するまで、捕手が位置すべき場所」ですが、通常捕手はホームベース寄りに構えるので後ろのラインが重要視されることはありません。ラインの位置は、ちょうど球審が足を置く場所と重なるようで、審判員からの要望もあり次第に描かれなくなったようです。

　これから先、変化するラインはあるのでしょうか。私はコーチスボックスに注目しています。一塁と三塁のファウルグラウンドにあるコーチスボックスは、攻撃側の走塁コーチが位置する場所で、大きさは「20フィート×1~10フィート」と規定されています。ファウルラインと平行に引く横の長さは20フィートと決められていますが、その両サイドから直角に引く縦のラインは「1~10フィート」と幅が持たせてあります。現在、日本の一軍本拠地球場はすべて規定いっぱいの10フィートで描かれていますが（写真⑥）、大リーグの多くの球場は2~3フィートしか描かれていません。

　そこに目を付けた球場があります。ロッテの二軍本拠地・ロッテ浦和球場です。写真⑦のように縦のラインを3フィートほどしか引いていないのです。「上司と大リーグ中継を見ていたのがきっかけです。格好がいいし、（ラインを短くすると）石灰の消費量も少なくなり経費削減にもなりますから」と、球場のグラウンド整備を担当する坂本一人さんが経緯を説明してくださいました。ＮＰＢの了解

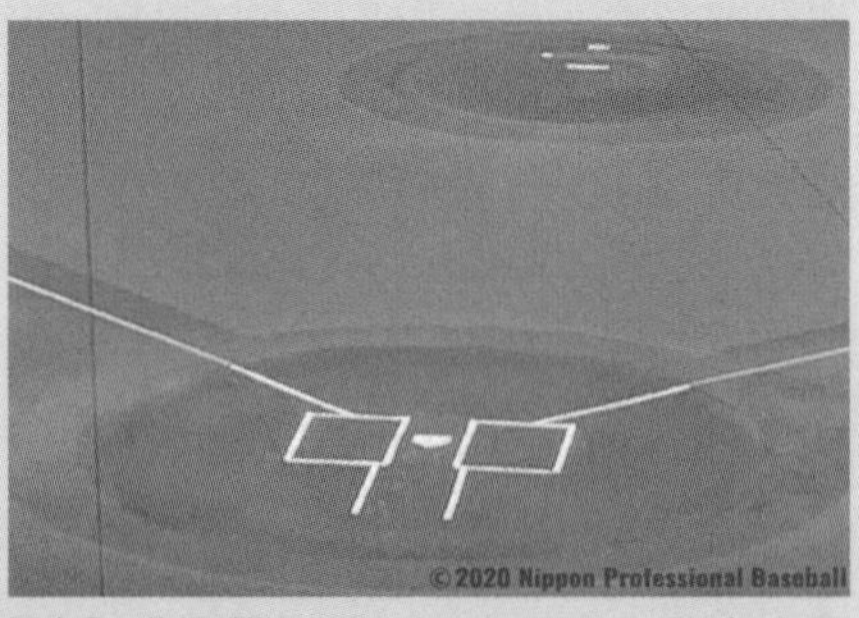
©2020 Nippon Professional Baseball
写真④　後縁が描かれていないキャッチャースボックス

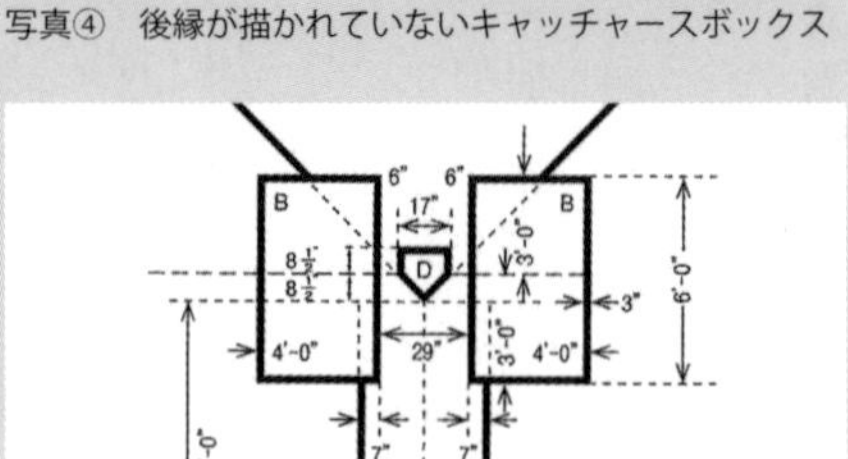
B
B
6"
6"
17"
8 1/2
8 1/2
D
3'-0"
3"
4'-0"
29"
3'-0"
4'-0"
6'-0"
8'-0"
7"
7"
3"
C
43"
出典:公認野球規則
写真⑤　野球規則に記されているキャッチャースボックス

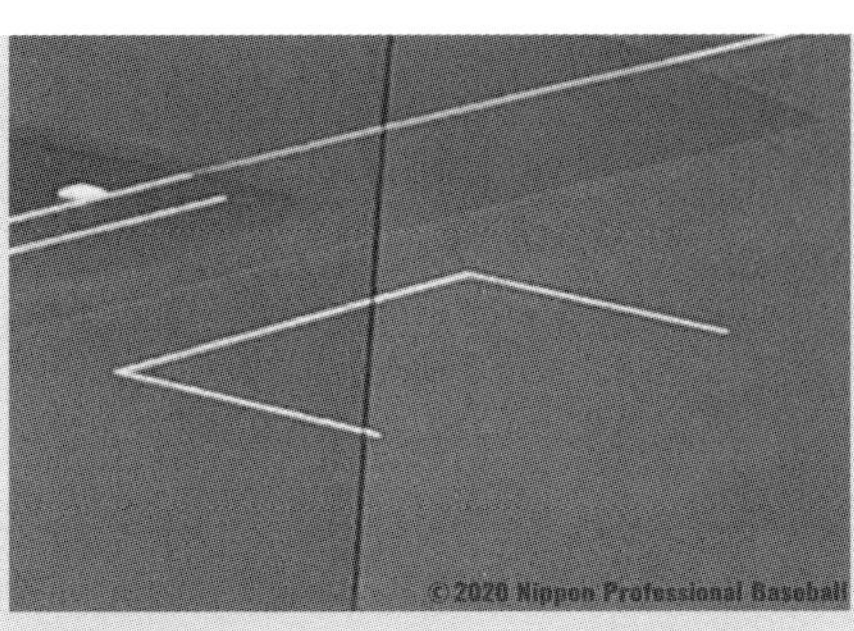

写真⑥　規定最大の「20×10フィート」で描かれたコーチスボックス

写真⑦　「20×３フィート」ほどで描かれたロッテ浦和球場のコーチスボックス

を得たうえで、２０１９年夏ごろから実施。「今年は一軍の石垣島キャンプでもやる予定ですし、イースタンの公式戦でも続けます」と、メジャー流のコーチスボックスの継続に意欲満々です。果たして、ファーム球場から投じられた一石に呼応する一軍本拠地球場はあるのでしょうか。

野球が規則に基づき行われることは不変ですが、その舞台はグラウンドに立つ審判員やグラウンド整備の方々の意向にも沿って、スマートに「進化」していることをご理解いただけましたか。たかがライン、されどライン―。球場へ足を運ばれた際には、描かれているラインにも注目してみてください。

（２０２０年1月30日）

プロ野球公式戦開催
全289球場一覧

・「※」は現存しない、または野球場として使用されていない球場。
・同一敷地内での改装は同一球場として扱います。
・運営形態の変更があった場合は別球場として扱います。

2022年シーズン終了時点

No	都道府県	市区町村		直近開催時の球場略称	正式球場名	開場年月	試合数	本塁打数
1	北海道	札幌市		札幌ドーム	札幌ドーム	2001年5月	1175	1575
2		札幌市	※	札幌中島	札幌市営中島球場	1918年	5	3
3		札幌市		札幌円山	札幌市円山球場	1934年8月	355	627
4		北見市	※	北見市営（旧）	北見市営球場	1947年8月	1	2
5		北見市		北見東陵公園	北見市営球場	1963年	2	4
6		釧路市	※	釧路市営	釧路市営球場	1949年11月	2	7
7		釧路市		ウインドヒルひがし北海道スタジアム	釧路市民球場	1983年7月	30	33
8		帯広市	※	帯広市営緑ヶ丘	帯広市営緑ヶ丘公園球場	1946年10月	3	2
9		帯広市		帯広の森	帯広の森野球場	1990年6月	29	67
10		旭川市		旭川スタルヒン	花咲スポーツ公園硬式野球場	1932年5月	67	161
11		滝川市	※	滝川町営	滝川町営球場	1949年8月	1	3
12		上砂川町	※	上砂川	上砂川球場	1938年4月	3	5
13		夕張市		夕張鹿の谷	夕張鹿の谷球場	1949年	5	3
14		小樽市		小樽桜ヶ丘	小樽桜ヶ丘球場	1948年9月	8	4
15		苫小牧市	※	苫小牧市営（旧）	苫小牧市営球場	1949年6月	2	2
16		室蘭市		室蘭新日鐵	室蘭新日鐵球場	1946年6月	7	4
17		函館市	※	函館市民	函館市民球場	1940年7月	18	24
18		函館市		函館オーシャンスタジアム	千代台公園野球場	1951年7月	49	52
19	青森県	青森市		青森市営	青森市営野球場	1950年	6	2
20		青森市		青森県営	青森県総合運動公園野球場	1967年	21	48
21		弘前市	※	弘前市営	弘前市営球場	1949年7月	6	16
22		弘前市		弘前はるか夢	弘前市運動公園野球場	1979年4月	7	12
23		八戸市		八戸長根	八戸市長根野球場	1952年	10	11
24		三沢市	※	大三沢リッドル	大三沢リッドルスタジアム	1949年	2	1
25	岩手県	盛岡市		盛岡市営	盛岡市営野球場	1938年	13	10
26		盛岡市		岩手県営	岩手県営野球場	1970年4月	79	152
27		花巻市		花巻市営	花巻市営球場	1934年	1	0
28		釜石市	※	釜石小佐野	釜石小佐野球場	1952年6月	2	2
29		一関市		一関希望ヶ丘	希望ヶ丘球場	1950年	3	5
30	宮城県	仙台市		楽天生命パーク宮城	宮城球場	1950年5月	1614	2356

No	都道府県	市区町村		直近開催時の球場略称	正式球場名	開場年月	試合数	本塁打数
31		仙台市		仙台評定河原	評定河原野球場	1936年	5	25
32		石巻市		石巻水押	石巻水押球場	1931年	2	0
33	秋田県	秋田市		秋田手形	秋田県営手形野球場	1950年8月	8	11
34		秋田市		秋田八橋	秋田市営八橋球場	1941年9月	84	219
35		秋田市	※	秋田県立（旧）	秋田県立球場	1972年	1	1
36		秋田市		秋田こまちスタジアム	秋田県立野球場	2003年3月	42	44
37	山形県	山形市	※	山形市営	山形市営球場	1949年	18	11
38		山形市		きらやかスタジアム	山形市総合スポーツセンター野球場	2017年9月	2	2
39		中山町		荘内銀行・日新製薬スタジアムやまがた	山形県野球場	1980年	58	154
40		米沢市		米沢市営（旧）	米沢市営野球場	1950年	3	3
41		鶴岡市	※	鶴岡市営	鶴岡市営野球場	1948年5月	3	4
42		酒田市		酒田光ヶ丘	酒田市営光ヶ丘野球場	1953年	1	2
43	福島県	福島市		福島信夫ヶ丘	信夫ヶ丘球場	1938年	16	24
44		福島市		県営あづま	福島県営あづま球場	1986年9月	52	74
45		会津若松市	※	会津若松市営	会津若松市営球場	1950年	5	9
46		会津若松市		あいづ	会津総合運動公園あいづ球場	1989年9月	1	1
47		郡山市	※	郡山麓山（はやま）	麓山球場	1948年	1	1
48		郡山市		ヨーク開成山スタジアム	郡山総合運動場開成山野球場	1952年10月	34	48
49		いわき市		平市営	平市営球場	1960年	4	1
50		いわき市		いわきグリーンスタジアム	いわきグリーンスタジアム	1994年8月	18	33
51		白河市	※	白河市営城山	白河市営城山球場	1952年8月	1	0
52	茨城県	水戸市	※	水戸水府	水戸水府球場	1933年4月	6	10
53		水戸市		県営水戸	茨城県営球場	1952年	18	14
54		水戸市		水戸市民	水戸市民球場	1980年3月	5	6
55		日立市		日立会瀬	日立会瀬球場	1940年	4	11
56		ひたちなか市		ひたちなか市民	ひたちなか市民球場	1990年8月	15	19
57		土浦市		土浦市営	土浦市営球場	1950年	4	2
58	栃木県	宇都宮市		宇都宮総合	宇都宮総合球場	1949年7月	23	13
59		宇都宮市	※	宇都宮常設	宇都宮常設球場	1932年4月	7	7
60		宇都宮市		宇都宮清原	宇都宮清原球場	1988年5月	16	17
61		足利市		足利市営	足利市営球場	1955年	5	10
62		鹿沼市		鹿沼御殿山	鹿沼御殿山球場	1950年4月	1	1
63		大田原市		大田原市営	大田原市営球場	1951年	2	4
64	群馬県	前橋市		上毛新聞敷島	群馬県立敷島公園野球場	1932年	39	59
65		高崎市		高崎城南	高崎城南球場	1936年10月	28	36
66		桐生市	※	桐生新川	桐生新川球場	1928年11月	17	35
67		桐生市		桐生	桐生球場	1969年7月	3	5
68		太田市		太田市営東山	太田市営東山球場	1937年	6	1

No	都道府県	市区町村		直近開催時の球場略称	正式球場名	開場年月	試合数	本塁打数
69		沼田市		沼田公園	沼田町公園球場	1947 年 4 月	1	8
70	埼玉県	所沢市		ベルーナドーム	西武ドーム	1979 年 4 月	2854	5670
71		さいたま市		県営大宮	埼玉県営大宮公園野球場	1934 年 4 月	50	66
72		さいたま市		浦和市営	浦和市営球場	1954 年 8 月	4	3
73		川越市		川越初雁	川越初雁公園野球場	1952 年	5	3
74		熊谷市	※	熊谷市営	熊谷市営球場	1950 年 8 月	18	15
75	千葉県	千葉市		ZOZO マリンスタジアム	千葉マリンスタジアム	1990 年 2 月	2098	3014
76		千葉市	※	県営千葉寺公園	県営千葉寺公園野球場	1937 年 6 月	3	5
77		千葉市	※	千葉公園	千葉公園市営球場	1949 年 10 月	13	12
78		千葉市		県営天台	千葉県営野球場	1968 年 7 月	1	4
79		市川市		市川国府台	市川国府台球場	1950 年 3 月	7	14
80		銚子市		銚子市営	銚子市営球場	1948 年	11	8
81		木更津市		木更津市営	木更津市営野球場	1950 年 11 月	3	3
82		香取市	※	小見川町営	小見川町営球場	1950 年 10 月	2	3
83	東京都	文京区		東京ドーム	東京ドーム	1988 年 3 月	3283	7273
84		新宿区		神宮	明治神宮野球場	1926 年 10 月	3784	7978
85		文京区	※	後楽園スタヂアム	後楽園スタヂアム	1937 年 9 月	7168	10416
86		江東区	※	洲崎	洲崎大東京球場	1936 年 10 月	116	40
87		新宿区	※	戸塚	戸塚球場	1902 年 10 月	9	4
88		荒川区	※	東京スタジアム	東京スタジアム	1962 年 5 月	844	1916
89		杉並区	※	上井草	上井草球場	1936 年 8 月	91	10
90		世田谷区	※	駒澤	駒澤球場	1953 年 9 月	685	584
91		武蔵野市	※	武蔵野グリーンパーク	東京スタヂアム	1951 年 4 月	16	8
92		昭島市		昭島市営	昭島市営球場	1950 年 4 月	7	7
93		八王子市		八王子市営	八王子市営球場	1954 年	5	9
94		福生市		福生グラウンド	福生グラウンド	1949 年 7 月	1	2
95	神奈川県	横浜市		横浜スタジアム	横浜スタジアム	1978 年 3 月	2759	5358
96		横浜市	※	横浜平和	横浜公園平和野球場	1929 年 3 月	65	57
97		川崎市	※	川崎	川崎球場	1951 年	2453	4691
98		横浜市		県立保土ヶ谷	神奈川県立保土ヶ谷野球場	1949 年	6	6
99		横須賀市		市営追浜	横須賀市営追浜球場	1949 年	4	3
100		相模原市		サーティーフォー相模原	相模原市立相模原球場	1986 年 9 月	7	11
101		茅ヶ崎市		茅ヶ崎市営	茅ヶ崎市営球場	1951 年 9 月	11	9
102		平塚市		バッティングパレス相石スタジアムひらつか	平塚球場	1985 年 3 月	30	44
103	新潟県	新潟市	※	新潟白山	新潟白山球場	1937 年 6 月	25	24
104		新潟市		新潟鳥屋野	新潟市営鳥屋野野球場	1963 年 8 月	43	98
105		新潟市		HARD・OFF ECO スタジアム新潟	新潟県立鳥屋野潟公園野球場	2009 年 7 月	29	38
106		長岡市	※	長岡	長岡球場	1949 年 8 月	10	23

No	都道府県	市区町村		直近開催時の球場略称	正式球場名	開場年月	試合数	本塁打数
107		長岡市		長岡悠久山	長岡市営悠久山野球場	1967年5月	24	67
108		新発田市	※	新発田市営	新発田市営球場	1950年	4	4
109		柏崎市	※	柏崎高校	柏崎高校グラウンド	1930年8月	1	0
110		柏崎市		柏崎市佐藤池	柏崎市佐藤池野球場	1987年5月	4	17
111		三条市		三条市民	三条市総合運動公園市民球場	1995年2月	1	2
112		上越市		上越市高田公園	上越市営球場	1949年7月	5	12
113	富山県	富山市	※	富山神通	富山神通球場	1934年	5	14
114		富山市		県営富山	富山県営富山野球場	1950年	79	108
115		富山市		富山アルペンスタジアム	富山市民球場	1992年7月	62	83
116		高岡市	※	高岡工専	高岡工専グラウンド	1924年	2	10
117		高岡市	※	高岡鐘紡	高岡鐘紡球場	1947年	1	2
118		高岡市		高岡城光寺	高岡市営城光寺野球場	1973年6月	3	4
119	石川県	金沢市	※	金沢公設	金沢公設グラウンド	1925年	4	9
120		金沢市	※	県営兼六園	石川県営兼六園野球場	1947年10月	73	113
121		金沢市		石川県立	石川県立野球場	1974年6月	115	244
122		小松市		小松運動公園	小松末広野球場	1954年	1	0
123	福井県	福井市	※	福井市立高校	福井市立福井高校グラウンド	1930年	1	0
124		福井市	※	福井市営（旧）	福井市営球場	1948年10月	26	38
125		福井市		福井県営	福井県営球場	1967年8月	68	117
126		敦賀市		敦賀運動公園	敦賀市総合運動公園野球場	1987年	1	2
127	山梨県	甲府市		県営甲府飯田	山梨県営甲府飯田球場	1929年	7	20
128		甲府市		甲府緑が丘	山梨県営甲府総合球場	1954年	10	21
129		甲府市		県営小瀬スポーツ公園	小瀬スポーツ公園野球場	1986年	5	11
130	長野県	長野市	※	長野市営城山	長野市営城山野球場	1926年7月	41	107
131		長野市		長野県営	長野県営野球場	1966年	11	25
132		長野市		長野オリンピックスタジアム	南長野運動公園野球場	2000年3月	40	92
133		松本市		松本市営	松本市営球場	1953年4月	2	3
134		松本市	※	県営松本	長野県営松本球場	1926年9月	23	44
135		松本市		松本市	松本市野球場	1991年	8	24
136		上田市		上田市営	上田市営野球場	1928年3月	14	37
137		千曲市	※	上山田	上山田町営球場	1948年5月	1	4
138		下諏訪町		下諏訪町営	下諏訪町営球場	1949年8月	9	19
139		飯田市	※	飯田城下	飯田城下球場	1933年6月	3	18
140		飯田市		飯田今宮	飯田市営今宮球場	1952年	6	6
141		岡谷市		市営岡谷	市営岡谷球場	1949年8月	2	5
142		佐久市	※	浅間町営	浅間町営岩村田球場	1954年6月	5	5
143		伊那市		伊那市営	伊那市営野球場	1947年11月	6	2
144	岐阜県	岐阜市		岐阜県営長良川	岐阜県営長良川球場		60	96

No	都道府県	市区町村		直近開催時の球場略称	正式球場名	開場年月	試合数	本塁打数
145		多治見市		多治見市営	多治見市営球場	1949年11月	4	2
146		各務原市	※	各務原	各務原運動場	1933年6月	2	5
147	静岡県	静岡市		静岡草薙	静岡県草薙総合運動場硬式野球場	1930年7月	186	352
148		伊東市	※	伊東スタジアム	伊東スタジアム	1952年3月	4	5
149		沼津市		沼津市営	沼津市営野球場	1949年10月	13	4
150		島田市		島田	島田球場	1957年3月	6	11
151		磐田市		磐田城山	磐田城山球場	1947年	3	3
152		浜松市		浜松	浜松球場	1948年	96	184
153	愛知県	名古屋市		バンテリンドームナゴヤ	ナゴヤドーム	1997年3月	1783	2063
154		名古屋市		ナゴヤ	ナゴヤ球場	1948年12月	3068	5677
155		名古屋市	※	鳴海	鳴海球場	1927年10月	53	30
156		名古屋市	※	大須	大須球場	1947年12月	30	63
157		名古屋市	※	山本	山本球場	1922年10月	9	14
158		豊橋市		豊橋市営	豊橋市営球場	1948年	30	23
159		豊橋市		豊橋市民	豊橋市民球場	1980年	15	41
160		豊川市		豊川いなり外苑	豊川いなり外苑球場	1928年3月	2	0
161		刈谷市		刈谷市営	刈谷市営グラウンド	1948年	17	16
162		豊田市		挙母トヨタ	挙母球場	1947年5月	4	2
163		一宮市		一宮市営	一宮市営球場	1949年	3	2
164	三重県	津市		津市営	津市営球場	1948年	6	4
165		川越町	※	富洲原	富洲原球場	1947年4月	8	15
166		伊勢市	※	三重交通山田	三重交通山田球場	1948年3月	16	37
167		伊勢市		伊勢倉田山公園	伊勢市営倉田山野球場	1963年	1	0
168		松阪市		松阪市営	松阪市営球場	1949年11月	9	19
169		四日市市		四日市グラウンド	四日市市営球場	1950年5月	11	6
170	滋賀県	大津市	※	滋賀大津	滋賀球場	1949年10月	1	3
171		大津市		皇子山	皇子山総合運動公園野球場	1960年	2	0
172		彦根市		県立彦根	滋賀県立彦根球場	1939年5月	16	21
173	京都府	京都市	※	京都衣笠	立命館衣笠球場	1948年9月	66	120
174		京都市		わかさスタジアム京都	西京極総合運動公園野球場	1932年	485	727
175		福知山市		福知山市民	福知山市民球場	1929年7月	6	7
176		舞鶴市	※	舞鶴中（なか）グラウンド	舞鶴中グラウンド		4	8
177	大阪府	大阪市		京セラドーム大阪	大阪ドーム	1997年3月	1750	2771
178		大阪市	※	大阪	大阪スタヂアム	1950年9月	3049	4817
179		大阪市	※	日生	日本生命球場	1950年6月	1540	3094
180		藤井寺市	※	藤井寺	藤井寺球場	1928年5月	951	1929
181		堺市		堺大浜	堺大浜球場	1934年7月	4	1
182		堺市	※	中百舌鳥	中百舌鳥球場	1939年6月	33	7

No	都道府県	市区町村		直近開催時の球場略称	正式球場名	開場年月	試合数	本塁打数
183	兵庫県	西宮市		甲子園	阪神甲子園球場	1924年8月	5511	6701
184		西宮市	※	西宮	阪急西宮スタジアム	1937年5月	3465	4204
185		神戸市		ほっともっとフィールド神戸	神戸総合運動公園野球場	1988年3月	1142	2102
186		神戸市	※	神戸市民	神戸市民運動場	1932年4月	30	14
187		宝塚市	※	宝塚	宝塚球場	1922年6月	13	5
188		明石市		明石公園	明石公園野球場	1932年3月	7	10
189		姫路市	※	姫路城内	姫路城内球場	1947年10月	2	0
190		姫路市		姫路市立	姫路市立姫路球場	1959年3月	13	17
191	奈良県	奈良市	※	奈良春日野	奈良春日野球場	1913年9月	3	7
192		奈良市		奈良鴻ノ池	奈良市営球場	1955年5月	5	0
193		吉野町	※	美吉野	美吉野野球場	1926年5月	4	2
194		橿原市		県立橿原	奈良県立橿原球場	1951年	4	3
195	和歌山県	和歌山市	※	県営向之芝	和歌山県営球場	1952年	18	17
196		和歌山市		県営紀三井寺	和歌山県営紀三井寺球場	1965年3月	4	7
197	鳥取県	鳥取市	※	鳥取市営	鳥取市営球場	1968年7月	1	1
198		米子市	※	米子湊山	米子市営湊山球場	1953年	6	4
199		米子市		どらやきドラマチックパーク米子市民	米子市民球場	1990年6月	26	46
200		倉吉市		倉吉市営	倉吉市営野球場	1964年	3	14
201	島根県	松江市	※	松江市営（旧）	松江市営球場	1932年7月	10	18
202		松江市		松江市営（新）	松江市営野球場	1978年9月	8	24
203		浜田市		浜田市	浜田市設野球場	1948年10月	2	1
204		出雲市		出雲	島根県立浜山公園野球場	1974年7月	7	19
205	岡山県	岡山市		岡山県営	岡山県営球場	1951年11月	139	232
206		岡山市	※	西大寺	西大寺町営球場	1934年11月	1	11
207		倉敷市		倉敷市営	倉敷市営球場	1949年	17	22
208		倉敷市		倉敷マスカットスタジアム	岡山県倉敷スポーツ公園野球場	1995年	62	88
209		津山市		津山市営	津山市営球場	1970年	2	6
210	広島県	広島市		MAZDA Zoom-Zoomスタジアム広島	広島市民球場	2009年3月	959	1461
211		広島市	※	広島市民	広島市民球場	1957年7月	3182	6536
212		広島市		広島総合	広島総合グランド野球場	1941年12月	245	176
213		福山市	※	福山市民（旧）	福山市民球場	1951年10月	28	58
214		福山市		福山市民（新）	福山市竹ヶ端運動公園野球場	1974年5月	23	49
215		福山市	※	福山三菱電機	福山三菱電機球場	1948年8月	5	7
216		尾道市	※	尾道西高校	尾道西高校グラウンド	1939年7月	3	5
217		尾道市		尾道しまなみ	広島県立びんご運動公園野球場	2002年	12	12
218		東広島市		西条御建	御建公園野球場	1924年	8	18
219		呉市		呉二河	呉市二河野球場	1951年	75	51
220		呉市	※	呉広	呉市営広町球場	1952年	2	1

No	都道府県	市区町村		直近開催時の球場略称	正式球場名	開場年月	試合数	本塁打数
221		三次市	※	三次市営（旧）	三次市営球場	1950年	14	37
222		三次市		三次きんさいスタジアム	みよし運動公園野球場	2009年4月	8	12
223		大竹市	※	大竹警察学校	広島管区警察学校グラウンド	1948年	1	2
224	山口県	山口市		西京スタジアム	西京スタジアム	1995年	1	2
225		山口市	※	山口市民	山口市民球場	1951年2月	7	10
226		岩国市		岩国市民	岩国市民球場	1956年	1	3
227		周南市		新南陽	新南陽球場	1972年8月	2	5
228		山陽小野田市		小野田市営	小野田市営球場	1964年2月	1	4
229		山陽小野田市		厚狭	厚狭球場	1949年4月	1	8
230		周南市	※	徳山毛利	徳山市営毛利球場	1948年5月	13	12
231		周南市		徳山市営	徳山市営球場	1971年6月	9	26
232		宇部市		ユーピーアールスタジアム	宇部市野球場	1941年	14	24
233		萩市	※	萩市民	萩市民球場	1956年10月	1	2
234		防府市	※	防府市営	防府市営球場	1928年	8	9
235		下関市	※	下関（旧）	下関市営球場	1949年11月	78	112
236		下関市		下関（新）	下関球場	1988年	11	16
237	徳島県	徳島市	※	徳島西の丸	徳島西の丸運動場	1929年9月	9	10
238		徳島市		県営蔵本	徳島県営蔵本球場	1952年7月	5	6
239		鳴門市		県営鳴門	徳島県営鳴門球場	1973年12月	2	3
240	香川県	高松市	※	高松市立中央	高松市立中央球場	1947年5月	10	23
241		高松市		香川県営	香川県営野球場	1982年7月	13	37
242		丸亀市	※	丸亀城内	丸亀市立城内球場	1948年4月	2	1
243	愛媛県	松山市	※	松山市営	松山市営球場	1948年7月	13	30
244		松山市		松山坊っちゃんスタジアム	松山中央公園野球場	2000年5月	55	59
245		今治市		今治市営	今治市営球場	1953年	1	2
246	高知県	高知市		高知市営	高知市営球場	1933年5月	5	6
247	福岡県	福岡市		福岡 PayPay ドーム	福岡ドーム	1993年4月	2022	3168
248		福岡市	※	平和台	平和台野球場	1949年12月	1904	3356
249		福岡市	※	香椎	香椎球場	1941年	5	15
250		北九州市		北九州市民	北九州市民球場	1958年4月	435	778
251		北九州市	※	門司老松	門司市営老松球場	1948年4月	9	7
252		北九州市	※	小倉豊楽園	小倉豊楽園球場	1948年7月	70	65
253		北九州市		八幡桃園	八幡桃園球場	1948年11月	5	2
254		北九州市		八幡大谷	八幡大谷球場	1928年4月	11	8
255		春日市	※	春日原	春日原球場	1924年	28	63
256		大牟田市	※	大牟田三池	大牟田三川鑛球場	1948年	1	5
257		大牟田市	※	大牟田延命（旧）	大牟田延命球場	1951年3月	6	9
258		大牟田市		大牟田延命（新）	大牟田延命球場	1957年12月	2	2

No	都道府県	市区町村		直近開催時の球場略称	正式球場名	開場年月	試合数	本塁打数
259		久留米市	※	久留米ブリヂストン	久留米ブリヂストン球場	1949年11月	9	15
260		飯塚市	※	飯塚市営	飯塚市営球場	1934年	4	11
261	佐賀県	佐賀市	※	佐賀市民	佐賀市民グラウンド	1948年3月	2	7
262		佐賀市		佐賀県立	みどりの森県営球場	1999年	7	11
263		鹿島市	※	佐賀祐徳	祐徳国際グラウンド	1935年4月	2	6
264		唐津市	※	唐津舞鶴	唐津舞鶴球場		1	0
265		大町町		杵島炭鉱	杵島炭鉱グラウンド	1930年10月	3	8
266	長崎県	長崎市	※	長崎市営	長崎市営大橋球場	1951年4月	26	68
267		長崎市		長崎ビッグNスタジアム	長崎県営野球場	1997年7月	22	27
268		長崎市	※	長崎商業グラウンド	長崎商業グラウンド	1933年	1	5
269		佐世保市	※	佐世保市営	佐世保市営球場	1949年5月	3	4
270		佐世保市		佐世保	佐世保野球場	1979年3月	10	17
271		島原市		島原市営	島原市営球場	1952年8月	1	0
272	熊本県	熊本市		熊本水前寺	熊本水前寺野球場	1928年10月	13	36
273		熊本市		リブワーク藤崎台	藤崎台県営野球場	1960年	66	66
274	大分県	大分市	※	大分県営	大分県営野球場	1948年5月	8	27
275		大分市		県営新大分	大洲総合運動公園硬式野球場	1980年3月	16	53
276		別府市	※	別府市営（旧）	別府市営球場	1931年10月	4	4
277		中津市	※	中津市営	中津市営球場	1950年9月	8	13
278	宮崎県	宮崎市		ひなたサンマリンスタジアム宮崎	宮崎県総合運動公園硬式野球場	2001年	7	13
279		宮崎市		宮崎市営	宮崎市営球場	1974年4月	1	1
280		都城市		都城市営	都城市営球場	1962年4月	2	3
281	鹿児島県	鹿児島市		鴨池市民	鴨池市民球場	1940年7月	4	6
282		鹿児島市		平和リース	鹿児島県立鴨池野球場	1970年12月	64	115
283	沖縄県	那覇市	※	県営奥武山	沖縄県立奥武山野球場	1960年11月	7	9
284		那覇市		沖縄セルラースタジアム那覇	那覇市営奥武山野球場	2010年4月	24	20
285	海外	大連市	※	大連満倶	大連中央公園満倶球場	1914年	26	2
286		長春市	※	新京児玉公園	新京児玉公園球場		21	1
287		鞍山市	※	鞍山昭和	鞍山昭和製鋼球場	1937年7月	4	2
288		瀋陽市	※	奉天満鐵	奉天満鐵球場	1915年	21	2
289		台北市		台北天母	台北市立天母棒球場	1999年8月	2	9

チーム名変遷表

チーム名	期間	通称
東京巨人	(1936 — 1946)	巨人
読売ジャイアンツ	(1947 ～)	巨人
大阪タイガース	(1936 — 1940.9.24)	タイガース
阪神	(1940.9.25 — 1946)	阪神
大阪タイガース	(1947 — 1960)	阪神
阪神タイガース	(1961 ～)	阪神
名古屋	(1936 — 1943)	名古屋
産業	(1944)	産業
中部日本	(1946)	中部日本
中日ドラゴンズ	(1947 — 1950)	中日
名古屋ドラゴンズ	(1951 — 1953)	名古屋
中日ドラゴンズ	(1954 ～)	中日
阪急	(1936 — 1946)	阪急
阪急ブレーブス	(1947 — 1988)	阪急
オリックス・ブレーブス	(1989 — 1990)	オリックス
オリックス・ブルーウェーブ	(1991 — 2004)	オリックス
オリックス・バファローズ	(2005 ～)	オリックス
大東京	(1936 — 1937 春)	大東京
ライオン	(1937 秋— 1940)	ライオン
朝日	(1941 — 1944)	朝日
パシフィック	(1946)	パシフィック
太陽ロビンス	(1947)	太陽
大陽ロビンス	(1948 — 1949)	大陽
松竹ロビンス	(1950 — 1952)	松竹
東京セネタース	(1936 — 1940.10.16)	セネタース
翼	(1940.10.17 —末)	翼
名古屋金鯱	(1936 — 1940)	金鯱
大洋	(1941 — 1942)	大洋
西鉄	(1943)	西鉄
イーグルス	(1937 — 1940.10.5)	イーグルス
黒鷲	(1940.10.6 — 1942.9.11)	黒鷲
大和	(1942.9.12 — 1943)	大和
南海	(1938 秋— 1944.5.31)	南海
近畿日本	(1944.6.1 —末)	近畿日本
近畿グレートリング	(1946 — 1947.5.31)	グレートリング
南海ホークス	(1947.6.1 — 1988)	南海
福岡ダイエーホークス	(1989 — 2004)	ダイエー
福岡ソフトバンクホークス	(2005 ～)	ソフトバンク
セネタース	(1946)	セネタース
東急フライヤーズ	(1947)	東急
急映フライヤーズ	(1948)	急映
東急フライヤーズ	(1949 — 1953)	東急
東映フライヤーズ	(1954 — 1972)	東映
日拓ホーム・フライヤーズ	(1973)	日拓
日本ハム・ファイターズ	(1974 — 2003)	日本ハム
北海道日本ハムファイターズ	(2004 ～)	日本ハム

チーム名	期間	通称
ゴールドスター	(1946)	ゴールドスター
金星スターズ	(1947 — 1948)	金星
大映スターズ	(1949 — 1956)	大映
大映ユニオンズ	(1957)	大映
高橋ユニオンズ	(1954)	高橋
トンボユニオンズ	(1955)	トンボ
高橋ユニオンズ	(1956)	高橋
毎日オリオンズ	(1950 — 1957)	毎日
毎日大映オリオンズ	(1958 — 1963)	大毎
東京オリオンズ	(1964 — 1968)	東京
ロッテ・オリオンズ	(1969 — 1991)	ロッテ
千葉ロッテマリーンズ	(1992 ～)	ロッテ
近鉄パールス	(1950 — 1958)	近鉄
近鉄バファロー	(1959 — 1961)	近鉄
近鉄バファローズ	(1962 — 1998)	近鉄
大阪近鉄バファローズ	(1999 — 2004)	近鉄
西鉄クリッパース	(1950)	西鉄
西鉄ライオンズ	(1951 — 1972)	西鉄
太平洋クラブ・ライオンズ	(1973 — 1976)	太平洋
クラウンライター・ライオンズ	(1977 — 1978)	クラウン
西武ライオンズ	(1979 — 2007)	西武
埼玉西武ライオンズ	(2008 ～)	西武
西日本パイレーツ	(1950)	西日本
大洋ホエールズ	(1950 — 1952)	大洋
大洋松竹ロビンス	(1953 — 1954)	洋松
大洋ホエールズ	(1955 — 1977)	大洋
横浜大洋ホエールズ	(1978 — 1992)	大洋
横浜ベイスターズ	(1993 — 2011)	横浜
横浜 DeNA ベイスターズ	(2012 ～)	DeNA
広島カープ	(1950 — 1967)	広島
広島東洋カープ	(1968 ～)	広島
国鉄スワローズ	(1950 — 1965.5.9)	国鉄
サンケイスワローズ	(1965.5.10 —末)	サンケイ
サンケイアトムズ	(1966 — 1968)	サンケイ
アトムズ	(1969)	アトムズ
ヤクルトアトムズ	(1970 — 1973)	ヤクルト
ヤクルトスワローズ	(1974 — 2005)	ヤクルト
東京ヤクルトスワローズ	(2006 ～)	ヤクルト
東北楽天ゴールデンイーグルス	(2005 ～)	楽天

おわりに

入念に整備された無人のグラウンドは、掃き清められた土俵のように美しく、神聖でした。みちのく各地の夏の高校野球県大会予選も終わった昨年の7月下旬。私は岩手県営野球場のマウンドに立っていました。

1970年に開場し、2012年にはオールスターゲーム第3戦を開催した岩手野球の聖地は、老朽化により今年の3月末をもって閉場。ブルージェイズの菊池雄星投手を皮切りに、エンゼルス大谷翔平投手、千葉ロッテ佐々木朗希投手と、怪物が続々と羽ばたいた野球場も記憶の中のものとなります。彼らが見上げた空を、吸った空気を、耳にした音を、同じ場所で我が身に染み込ませたかったのです。

プロ野球を開催し、後にその使命を終えた球場、グラウンドはこれで114になります。この本ではそのうち55カ所を紹介しました。球跡⑤尾道西高校グランドの「縄ホームラン」のエピソードは、漫画「はだしのゲン」の作者でも知られる中沢啓治氏が「広島カープ誕生物語」でも描いているので、ご存じの方もいたでしょう。調べると、同じように外野にフェンスや柵がなく、簡易的にロープを張った〝野球場〟でのプロ野球開催は10カ所を超えていました。

公認野球規則は1・01「野球は、囲いのある競技場で…」と始まります。プロ野球が誕生した1936年の規則書も「野球場は塀柵で囲まれた場所でなくてはならない」と、文言は異なるも同義の文章で始まっています。野球場が囲まれていることは絶対で、昔から不変です。しかし、多くの野球場が進駐軍に接収された終戦直後と、二リーグ分立で球団数が倍増した1950年代前半は、興行ができる球場の絶対数が不足しました。プロ野球とはいえ、規則を遵守できる状況ではなかったのです。

選手が残した輝かしい記録だけで、球史が刻まれるわけではありません。縄ホームランも、城壁のバックスクリーンも、米軍の潜水艦侵入を防御した金網で作ったバックネットも「球史」なのです。その時代を伝える——。野球界の末席に連なる一人として、いつしか使命感に駆られて慣れない筆を進めていたような気がします。

そんな中で得難い体験がありました。今西錬太郎さん、広瀬叔功さん、安仁屋宗八さん、山田久志さんら、往年の名選手から話しを伺いました。みなさん抜群の記憶力で、いにしえの野球場の想い出を振り返りました。中でも今西さんは、一リーグ時代（1936年〜1949年）にもプレーをした貴重な球界のレジェンドです。自宅にお邪魔をしたのは２０２０年の初夏。95歳とは思えない張りのある声で、話は野球場にとどまらず、終戦直後のプロ野球界へと広がりました。それをまとめたのが、後半の「記録員コラム」の一部です。今西さんはいまも元気に人生のマウンドに立ち続け、今年９月には99歳を迎えます。

表紙の写真は球跡㉞で取り上げた上井草球場です。野球殿堂博物館が所有するこの写真の撮影者は沢柳政義さん。東京都職員で、終戦直後の１９４５年９月に私財も投じて上井草球場の復興に尽力しました。１９４９年以降は全国の野球場の研究に打ち込み、写真や外観図を掲載した「野球場大辞典」を上梓されています。日本における野球場研究の第一人者でした。沢柳さんが筆を執ったのは、パソコンの画面を数回クリックすれば答えが見つかった時代ではありません。巻き尺を持って各地の野球場を訪ね歩いたそうです。巻末の「プロ野球公式戦開催全２８９球場一覧」は、その沢柳さんが労して集めたデータも参考に作成しました。難業に取り組まれた偉人に、改めて敬意を表します。

そして、本書の刊行に尽力いただいた方々に、心より感謝を申し上げます。

ここに2つのタイムマシンがあります。1つは未来へ、1つは過去へ誘（いざな）います。私は迷わず、後者を選びます。

1945年11月24日――。群馬県桐生市。山から吹き降ろす赤城おろしが、頬を刺す。渡良瀬川から程近く、街の中心部にある「桐生新川運動場」。戦禍を逃れた球場に、戦地から戻って来た選手たちが集まった。スタンドに陣取った進駐軍の兵士たちが、指笛を吹く。前日の神宮球場に続き、東西対抗の第2戦が始まる。バットを握った藤村富美男がいる。ミットをポンポンと鳴らす土井垣武の姿もある。期待の新人大下弘は先輩たちに頭を下げている。プロ野球が復活の道を歩もうとしていた。

昔日のプロ野球、そして球場への思いは尽きません。「球跡巡り」完遂まで、あと50数カ所。もうしばらく、旅を続けよう。

2023年1月

山本　勉

本書は日本野球機構のホームページに２０１８年5月18日から２０２２年7月１日までに掲載された「球跡巡り」と「記録員コラム」を加筆、修正したものです。また、本文中に登場する人物、取材させていただいた方の年齢は掲載当時のものです。

山本 勉（やまもと・つとむ）
【著者略歴】
1964 年生まれ。愛媛県北宇和郡津島町（現宇和島市）出身。
宇和島東高校卒業後、会社員を経て 1989 年からセ・リーグ公式記録員。
両リーグの統合により 2010 年から日本野球機構（NPB）所属となる。
1993 年から一軍公式戦を担当して、現役最多の 1395 試合に出場。
日本シリーズ出場３回、オールスターゲーム出場３回。

球跡巡り ―球史を刻んだ球場跡地を歩く―

2023 年 1 月 26 日　初版第1刷発行

検印省略

著　者　山本　勉
編集協力　日本野球機構
発行者　柴山　斐呂子

発行所　理工図書株式会社
〒102-0082 東京都千代田区一番町 27-2
電話 03（3230）0221（代表）
FAX 03（3262）8247
振替口座　00180-3-36087 番
http://www.rikohtosho.co.jp
お問合せ info@rikohtosho.co.jp

ISBN978-4-8446-0922-3
印刷・製本　丸井工文社

理工図書の本

大地を拓く　緒方 英樹　著

私たちの暮らす日本列島は、山の多い地形、複雑な地質、気象などの自然条件から、洪水、土砂災害、地震、津波、火山噴火などによる災害を歴史的に被ってきた。本書は、先人たちがいかにそうした災禍を乗りこえてきたのかを、古代から中世、近世、近代までたどりながら、日本の大地を拓いてきた人たちの苦悩、情熱、技術を丹念に解きあかしていく。そこから私たちにとって「土木」とは、「利他の心」とは何かを問いかけ、それらが人や地域に尽くした効果や、自然に与えた影響をはじめ後世に生かす教訓について考える。

本体 1,800 円＋税
A5 判　250 頁
ISBN：978-4-8446-0920-9

台湾の大地を拓いた人たち　緒方 英樹　著

100 年と少し前、うるわしの島・フォルモサと呼ばれた台湾に渡った多くの日本人たちがいた。日本統治時代に台湾の大地を拓き、近代化の礎を築いたパイオニアたちである。本書では、台湾南部の嘉南平原を穀倉地帯に蘇らせた八田與一を足がかりに、台湾の鉄路、港を拓いた技術者たち、上下水道を整えたバルトンや浜野弥四郎、白冷圳を設計した磯田謙雄、地下を拓いた鳥居信平、日月潭発電事業に尽くした人たちなど紹介する。また、著者による創作オペラ「台湾に水を引いた男・八田與一ものがたり」台本も掲載している。

本体 1,300 円＋税
A5 判　124 頁
ISBN：978-4-8446-0921-6